T0244966

LA
LÍNEA:
CÓMO CONECTAR
CON LOS
REGISTROS
AKÁSHICOS

Título original: THE LINE
Traducido del inglés por Julia Fernández Treviño
Diseño de portada: Editorial Sirio, S.A.
Maquetación: Toñi F. Castellón

©   de la edición original
    2022 de Ashley Wood y Ben Wood

©   del prólogo
    2022 de LeAnn Rimes

    Esta edición ha sido publicada con autorización de Sounds True Inc.

©   de la fotografía de la autora
    2021 de Vanessa Mayberry

©   de la presente edición
    EDITORIAL SIRIO, S.A.
    C/ Rosa de los Vientos, 64
    Pol. Ind. El Viso
    29006-Málaga
    España

www.editorialsirio.com
sirio@editorialsirio.com

I.S.B.N.: 978-84-19105-66-0
Depósito Legal: MA-326-2023

Impreso en Imagraf Impresores, S. A.
c/ Nabucco, 14 D - Pol. Alameda
29006 - Málaga

Impreso en España

Puedes seguirnos en Facebook, Twitter, YouTube e Instagram.

El papel utilizado para la impresión de este libro está **libre de cloro** elemental (ECF) y su procedencia está certificada por una entidad independiente, no gubernamental, que promueve la sostenibilidad de los bosques.

ASHLEY WOOD

CON BEN WOOD

Prólogo de LeAnn Rimes Cibrian

LA
LÍNEA:
CÓMO CONECTAR
CON LOS
REGISTROS
AKÁSHICOS

EDITORIAL
SIRIO

DEDICO ESTE LIBRO A MI HIJA, BABOO,
LA SEMILLA PLANTADA EN MÍ QUE
GERMINÓ MI DESPERTAR.

ÍNDICE

Prólogo 13

Introducción.. 15

Capítulo 1. ¿Qué es la línea?.................................... 29

Capítulo 2. Cómo activar tu Línea 49

Capítulo 3. Cómo recibir tus mensajes y
            confiar en lo que llega a ti............................. 71

Capítulo 4. Cómo actuar de acuerdo con los mensajes....... 93

Capítulo 5. El amor es el hilo que os mantiene juntos........ 113

Capítulo 6. Crear espacio para el crecimiento del alma...... 133

Capítulo 7. El contraste energético de tu transformación... 153

Capítulo 8. El espacio del miedo.............................. 179

Capítulo 9. La luz de tu alma 193

Capítulo 10. Mensajes multidimensionales y
             conexiones del alma 215

Capítulo 11. Una nueva frecuencia para un nuevo mundo . 241

Apéndice. Plegaria del nuevo mundo 261

Agradecimientos 265

Notas.. 271

Sobre la autora... 273

Este libro trata de una nueva forma de vivir, un nuevo orden para la vida, un nuevo modo de existir en esta dimensión experimentando al mismo tiempo otras dimensiones. Este libro habla de investigar lo que significa vivir en un mundo multidimensional.

–EL PINÁCULO

PRÓLOGO

No recuerdo exactamente cómo nos conocimos Ashley y yo, cuál de las dos se puso en contacto con la otra, ni tampoco cuándo fue la primera vez que conversamos. El único recuerdo real que tengo de nuestra primera conexión es que la chispa de nuestra hermandad se encendió a través de Instagram.

De alguna manera encontré su trabajo, y el mensaje que ella estaba comunicando al mundo resonó profundamente en mí. Creo que esa chispa instantánea de hermandad fue un reconocimiento mutuo de alma a alma. Y aunque nunca nos hemos visto personalmente, Ashley y yo compartimos muchas conversaciones profundas a través de mensajes de texto y notas de voz. Siempre he sentido que puedo compartir abierta y sinceramente cualquier cosa con ella. Me siento escuchada. Me siento contenida. Me siento muy agradecida por ser su amiga.

No creo que sea esta la primera vez que Ashley y yo nos hemos conocido. Estoy segura de que nuestras almas se han encontrado muchas veces.

En realidad, hasta este preciso momento nunca había compartido este pensamiento con ella, pero algo me dice que las dos procedemos del mismo lugar. Nuestras almas han sido implantadas aquí en la Tierra desde algún lugar del más allá, para compartir el mensaje del amor en estos tiempos tan complicados. Antes de escuchar las enseñanzas de Ashley y de tomar conciencia de mi «Línea», hubiera pensado que este conocimiento profundo, la historia de que nuestras dos almas llegaron a la Tierra en esta época para realizar una misión específica, era pura fantasía. Pero no es así, ahora estoy plenamente convencida de ello.

Me he sentido profundamente inspirada por la forma en que Ashley explica qué son la energía y la frecuencia. Y me ha inspirado hasta tal punto que incluso he incluido una línea sobre las Pléyades en mi canción *Spaceship*. Ashley tiene un don maravilloso y un corazón todavía más maravilloso. Es una maestra poderosa. Y por encima de todo, vive en armonía con lo que enseña. Es totalmente auténtica. Me siento muy feliz de que haya decidido compartir su don en estas páginas. Prepárate para conocerte y conocer a tu alma, de una forma completamente nueva.

LEANN RIMES CIBRIAN

INTRODUCCIÓN

Hay un punto energético en las palmas de tus manos que está vinculado con tu corazón. Este punto se conoce como el corazón de las manos, o el punto *Talahridaya marma* de la antigua ciencia del Ayurveda. Si mantienes tu mano abierta, y te concentras en enviar amor a alguien, la palma de tu mano puede reaccionar a la energía que estás ofreciendo con una sensación de calor o cosquilleo.

Ahora mismo, te estoy enviando amor. Las palmas de mis manos están abiertas y laten como un corazón lleno de amor y gratitud hacia ti, por recibir la energía que he infundido en estas palabras.

En este libro te enseñaré otro punto energético que hay en el cuerpo. Se llama la Línea, y su recorrido baja por la línea media de tu cuerpo, desde la coronilla hasta las plantas de los pies. Cuando te alineas con la energía de la Línea, sientes que el amor divino fluye a través de ti. Este es el amor que necesitamos para sanar nuestras heridas y ver lo que somos: polvo de estrellas del Universo, semillas de la Tierra, almas que abarcan dimensiones de existencia y seres con una conexión espiritual intrínseca.

A través de tu Línea, recibes instrucciones específicas sobre el modo de manifestar este amor ante ti. Esto se conoce como mensajes; y estos mensajes atraviesan tu Línea cada segundo de cada día. Son enviados desde un mundo no físico que se conoce como los *registros akáshicos*. Los registros contienen las huellas energéticas de todo lo que tu alma ha experimentado en esta vida y en cualquier otra que haya tenido.

Tu Línea es tu conexión directa con este mundo. Cuando recibes la guía a través de tu Línea, accedes a la historia de tu alma y aprendes a vivir en alineación con la expresión más auténtica, compasiva y personificada de tu energía. Esto se conoce como tu Ser Superior. Cuando utilizas tu Línea, es como si estuvieras comunicándote con tu Ser Superior para conocer cómo puedes reflejar esta expresión divina en tu vida.

Tu Línea te ayudará a transitar los pequeños momentos cotidianos en alineación con tu Ser Superior y te conducirá hacia los dones, los propósitos y las lecciones que tu alma ha traído a esta vida. Esta es la medicina que tu alma necesita para su sanación, crecimiento y evolución. Debes utilizarla para sanarte y sanar al mundo. Tus mensajes están imbuidos de la energía del amor divino, y cuando los pones en práctica te sientes apoyado y sostenido por este amor: mejorado, guiado y empoderado por tu Ser Superior, que te enseña el camino de retorno hacia la persona que realmente debes ser en esta vida.

Los registros akáshicos no son un concepto nuevo. Existen desde que las almas energéticas comenzaron a tomar forma física, y con el paso del tiempo personas de todo el mundo han podido acceder a ellos de muchas maneras diferentes. Voy a enseñarte una nueva forma de acceder a los registros akáshicos, que se alinea con la energía de nuestra época. Esta es una nueva manera de percibir y comprender de qué modo tu alma te está guiando en esta vida.

Estamos viviendo en una época que te apoya para realizar este viaje. Como colectivo, muchos de nosotros reconocemos que las viejas formas de vivir y de ser ya no están alineadas con nuestro bien superior. Durante mucho tiempo nos han enseñado quiénes deberíamos ser, qué deberíamos pensar y cómo deberíamos sentirnos, y hemos llegado a un punto en el que ya no somos capaces de conocernos. Sin embargo, hoy es más importante que nunca volver a tu propio hogar; retornar a la persona que tu alma ha elegido ser en esta vida. Tú eres una hermosa expresión individual de amor divino, y puedes utilizar tu Línea para conocer esta versión de ti mismo.

El Pináculo, el grupo de energías que yo canalizo, ha afirmado: «Cuando sientes que estás en la oscuridad, necesitas volver a este espacio de amor y ser todavía más consciente de los susurros. Esos mensajes son susurros suaves y sutiles, esa es la luz que te guía para volver a casa, para volver a ti mismo. ¿Sientes que no estás conectado a tierra? ¿Te sientes inestable? ¿Inseguro? Eso se debe a que no estás en casa. Crea un hogar dentro de ti. Allí es donde necesitas estar. Conéctate con el hogar que hay en tu interior. Allí es donde necesitas estar».

Te prometo que al leer este libro aprenderás a amarte y a confiar en ti lo suficiente como para volver a casa, a tu verdadero ser. Esto es un viaje, aunque solo es el comienzo porque el viaje no concluirá cuando termines de leer este libro. Cuando vives en armonía con la Línea, cada día tomas conciencia de que todo lo que dices, haces y piensas puede honrar tu conexión con tu Ser Superior y con el amor que fluye a través de ti. También percibes tus sentimientos, analizas las causas que desencadenan tus acciones, sanas tus heridas y te comprometes con la intención, la reverencia y la integridad, que favorecen el crecimiento, el aprendizaje y la evolución de tu alma.

En este viaje te sumergirás en tu mundo interior y percibirás que todo lo que sientes es una invitación de tu alma para que llegues a conocerte. Cada momento es una oportunidad para mirar los mensajes que estás recibiendo a través de tu Línea con el fin de tener más información, conocer el significado o el contexto, o saber qué debes hacer a continuación. Quitarás tus capas emocionales una tras otra; experimentarás las conexiones de tu alma con otros lugares, otras épocas y otras personas; aprenderás por qué estás aquí en la Tierra en este momento y también que tu alma desea crecer y evolucionar en esta experiencia. A lo largo de este viaje llegarás a conocerte en un nivel mucho más profundo de lo que nunca antes has llegado y aprenderás a afrontar experiencias difíciles y a vivir una vida hermosamente alineada, llena de un amor incondicional que colma las necesidades de tu alma.

Estoy aquí para guiarte a lo largo de una nueva forma de vivir con la sabiduría de tus registros akáshicos. Te tomaré de la mano, pero mientras lees este libro quiero que en un determinado momento coloques una de tus manos sobre tu corazón para sentir el amor que fluye a través de ti. Cuando puedas expresar el amor que sientes por ti mismo, podrás aprender a confiar en cada mensaje que recibas y a creer desde lo más profundo de tu ser que en este momento tienes todo lo que necesitas para ser tu propio guía.

CÓMO APRENDÍ A AMARME A MÍ MISMA

Siempre supe que era diferente, aunque no siempre acepté las cosas que me hacían diferente. Hasta donde puedo recordar, en todo momento me he sentido más energética que física. Desde que era niña soñaba que visitaba mundos y planetas distintos, que me encontraba con seres queridos que habían fallecido y que viajaba a través del tiempo y de las diferentes dimensiones de la existencia. Todo aquello me parecía tan real como mi vida diurna. Yo sentía la energía y el amor de los animales de una manera muy diferente a la de las personas de mi entorno. Por este motivo cuando tenía ocho años me convertí en la única (y posiblemente la primera) vegetariana en la pequeña y conservadora ciudad en la que nací, cuyos habitantes se dedicaban principalmente a la agricultura. Sentía el viento de una manera diferente; sentía el pulso de la Tierra de una manera diferente. Podía percibir y sentir físicamente las emociones de los demás, aunque no las expresaran de forma manifiesta.

No siempre era capaz de explicar estas sensaciones y experiencias, pero cuando intentaba compartir esta parte de mí misma con otras personas, se me ponía la piel de gallina, mi corazón se aceleraba y mis ojos se llenaban de lágrimas. Sentía como si estuviera abriendo una puerta que había en mi interior; abría solamente una rendija para dejar pasar un pequeño destello de una enorme y radiante luz. La respuesta era prácticamente siempre la misma: «Eso sí que es raro». Durante años oculté todo esto en lo más profundo de mi ser, mientras hacía todo lo posible para parecer «normal».

Me crie en una pequeña ciudad de la provincia de Manitoba, la región central de Canadá. La mayor parte de la población era cristiana y acudía regularmente a la iglesia, mi familia incluida. Desde temprana edad mi abuela y yo compartimos un estrecho vínculo afectivo. Ella era una cristiana devota muy involucrada con la iglesia y jamás se perdía la misa de los domingos. También tenía dones energéticos muy potentes. Compartía sus cristales conmigo y leía las hojas de mi té, dándome consejos muy precisos en cada ocasión. Hablábamos de los ángeles y de los sueños, y ella me contaba que el espíritu de su madre la visitaba por las noches. Mi abuela fue mi primera maestra espiritual, la primera persona que aceptó y celebró todo lo que yo pensaba que me hacía diferente y «rara».

Yo tenía veinticuatro años cuando mi abuela murió. Recuerdo que estaba muy triste, aunque también comprendía la muerte como una transformación de la energía, un renacimiento, y confiaba en que ella siempre seguiría estando conmigo. Mi abuela me enseñó una nueva forma de comprender la espiritualidad completamente diferente de la que había aprendido en la iglesia y me ayudó a tratarme con amor, desestimando la culpa, la vergüenza o el miedo. Mi abuela nunca compartió públicamente sus talentos, menos aún con su comunidad parroquial, pero a pesar de eso me dijo: «Ashley, así es como Dios trabaja a través de mí. Así es como yo comparto el amor de Dios con los demás». Esta enseñanza se ha quedado conmigo para siempre, la llevo muy cerca de mi corazón. Mi abuela me ayudó a ver mis habilidades como dones divinos. Después de que abandonara este plano físico, siguió guiándome, e incluso me ayudó a descubrir que los registros akáshicos son una parte importante de mi propósito en esta vida.

Aprendí realmente a manifestar el amor por mí misma cuando comencé a prestar atención a los mensajes que estaba recibiendo. Esto fue antes de saber qué son los mensajes y qué es la Línea. Los mensajes llegaban a mí como ideas que aparecían en mi cabeza para pasar a la acción –haz esto, lee aquello, envía un mensaje de texto a esta persona— o confirmaciones de que me encontraba en un camino alineado que se manifestaban como números repetidos (1:11, 4:44, 222, etc.) o como un zumbido en mis oídos. En aquel momento no me percaté de que esos eran mensajes que procedían de mi Ser Superior y llegaban a mí a través de mi Línea.

Una noche mientras fregaba los platos, recibí dos mensajes que cambiaron mi vida. El primero me instaba a crear un *podcast*. El segundo me indicaba que comenzara a compartir mis dones y experiencias espirituales con el mundo. Jamás había hecho algo semejante y no sabía por qué ni cómo hacerlo, cómo sería, ni qué me reportaría. Nuestros mensajes nos empujan fuera de nuestra zona de confort, porque crecemos y nos transformamos a partir de una sensación de incomodidad o malestar.

Al cabo de unas pocas semanas creé el *podcast* y también empecé a hablar de mis experiencias espirituales. Pocos meses después entrevisté a una invitada que afirmó que yo tenía que conocer algo llamado los registros akáshicos. Cuando pronunció las palabras, *registros akáshicos*, sentí que una intensa energía recorría todo mi cuerpo, como si algo que había estado latente dentro de mí estuviera despertando.

—¿Qué son los registros akáshicos? —le pregunté—. Jamás he oído hablar de ellos.

Ella me respondió:

—Cambiarán tu vida.

Ese mismo día compré un libro sobre el tema, y después de leer apenas unos pocos capítulos escuché otro mensaje dentro de mí: «Cierra el libro, deja de leerlo. Ya tienes todo lo necesario dentro de ti para comenzar este viaje».

Estos registros son como una biblioteca metafísica de todo lo que tu alma ha experimentado desde el momento que ha sido creada. Cada acción, cada pensamiento, cada emoción, sean conscientes o subconscientes, que tu alma ha experimentado en cada una de las vidas que ha vivido están registrados en tus registros. Al acceder a ellos obtienes la sabiduría infinita del viaje completo de tu alma.

Entré en mis registros akáshicos por primera vez cerrando los ojos, haciendo una breve meditación para centrar mi energía y recitando una plegaria que se utiliza para abrirlos y que había aprendido por el libro que estaba leyendo. Nada más entrar, supe que no había retorno. La energía que sentí al estar dentro de ellos me cambió para siempre; desde ese momento me encontré en un nuevo camino: mi camino alineado.

Rápidamente advertí que me estaba conectando con una energía diferente a lo que yo esperaba. Había leído en el libro que me encontraría con un grupo único de energías cuya función era guiarme y apoyarme; sin embargo, la energía con la que estaba trabajando era bastante distinta. Parecía celestial. Yo estaba experimentando diferentes mundos, galaxias y energías de todas las dimensiones. En realidad no era capaz de describirlo, pero sabía que mis experiencias no eran «normales».

Me dediqué a abrir los registros durante algunos días, pero luego dejé de hacerlo. Necesitaba espacio para procesar e integrar la nueva energía con la que estaba trabajando; me parecía hermosa pero también un poco sobrecogedora. Cierto día, como surgido de la nada, recibí el mensaje de entrar inmediatamente en los registros. Al hacerlo, vi a mi abuela. Estaba con un grupo de energías celestiales que no reconocí. Me explicaron que el propósito de mi alma era modernizar los registros akáshicos para hacerlos accesibles, menos esotéricos y más fáciles de comprender.

A partir de aquel momento comencé a dedicar mi vida entera a los registros akáshicos. Entraba todos los días para aprender más sobre ellos y sobre mí, y al cabo de dos semanas comencé a hacer lecturas a algunos clientes de todo el mundo. Hice publicaciones semanales en el *podcast* compartiendo mis experiencias y comencé a instruir a la gente sobre este tema en mis redes sociales. Más tarde supe que las energías que canalizo en los registros se llaman «el Pináculo» y que, según lo que me han dicho, proceden de un grupo de estrellas denominadas Pléyades. El Pináculo también forma parte del Consejo de la Luz, una franja de la dimensión superior de las energías cósmicas que abarca muchos puntos del Universo.

Conocí la Línea a través del Pináculo y aprendí a utilizarla para acceder a los registros sin necesidad de recitar una oración ni tener que hacer una meditación para concentrarme. El procedimiento es rápido y concuerda con la energía de movimiento vertiginoso de esta época. Tu Línea te ofrece el contexto del alma que necesitas para comprender y afrontar cualquier situación en la que te encuentres, en el momento exacto en que sea necesario. En los primeros capítulos hablaré del proceso de utilizar tu Línea para acceder a la información de tus registros akáshicos. Cuando te familiarices con este proceso y con la energía con la que estás alineado, recibir tus mensajes de amor, apoyo y orientación puede ser algo tan sencillo como respirar. Esta información fluye a través de ti, y espero de corazón que la utilices para encontrar el camino de vuelta hacia ti, para poder guiarte tú mismo en la vida con una soberanía alineada, con conciencia del alma y con empoderamiento.

Desde el momento en que comprendí cómo funciona la Línea, mi vida cambió más que nunca. Aprendí a confiar en mí misma, a quererme y a vivir una vida alineada con mi alma. Aprendí más acerca de mis dones y mi propósito. Aprendí qué es lo que ha traído mi alma a esta vida para mi evolución. Aprendí a gestionar mis emociones, a tomar perspectiva ante cualquier situación y experiencia y a vivir en la frecuencia de la Línea, que es la frecuencia del amor.

A través de mi Línea, soy mi propia maestra, mi propia sanadora, mi propio gurú y mi propia guía. Tengo una vida llena de paz, confianza, alineación y amor por mí misma y por los demás. Esta misma transformación les ha sucedido a muchas personas de la comunidad de *A Line*

Within, que han comenzado a trabajar con su Línea. A lo largo de este libro comparto muchos ejemplos e historias de los miembros de nuestra comunidad, o de clientes a quienes he hecho lecturas de sus registros akáshicos, historias que hablan del amor, la comprensión y la información que les ha brindado la Línea. Todas ellas son personas que han completado nuestros talleres *online* en www.alnwithin.com, oyentes de nuestro *podcast Me Line* y seguidores de nuestras redes sociales (@alnwithin).

En el libro encontrarás ejercicios diseñados para ayudarte a utilizar tu Línea con el fin de comprender tu energía y tus emociones, aprender a identificar tus mensajes y dedicarte a integrar todo lo que recibes en tu vida diaria. Recibir tus mensajes es algo para lo que has nacido, pero actuar según los mensajes en el momento divino en que los has recibido es una habilidad que hay que aprender. La mayoría de los ejercicios incluyen instrucciones para que puedas describir cómo sientes y percibes tu energía, tus mensajes y tu alineación. Utilizar tu Línea es una práctica personal, y por este motivo es importante que reflexiones sobre tus experiencias singulares con tu Línea y tus mensajes, para que tu aprendizaje sea más profundo y tu crecimiento sea mayor.

En este momento, tienes todo lo que necesitas para ser tu propio guía. Tienes tu Línea, y ahora mismo estás recibiendo mensajes a través de ella para guiarte en el camino de regreso a ti mismo, pero eres tú quien debe decidir si quieres hacer el trabajo. Tus mensajes te indican lo que tienes que hacer en cada momento para estar alineado. No recibirás una gran revelación; tampoco se producirá una transformación completa de inmediato. Este es un camino zigzagueante que dura toda la vida, y tus mensajes son los pasos importantes que debes dar: te ofrecerán todo lo que necesitas saber para dar el siguiente paso y continuar andando y creciendo. Tal vez sientas que quieres más; sin embargo, debes confiar en que en cada momento tienes todo lo que necesitas para avanzar.

Es hora de que comiences a conocerte como jamás lo has hecho. Tu alma te ha guiado hasta este momento y hasta este libro. Estás preparado para empezar a confiar en ti, guiarte, amarte y vivir alineado con lo que realmente eres. Sigo sujetando tu mano. Siente el calor en tu palma; nuestras energías están conectadas. Te tengo, pero lo más importante es que tú te tienes a ti mismo.

CAPÍTULO 1

¿QUÉ ES LA LÍNEA?

Cuando sostienes un espejo en dirección al sol, se crea un resplandor, una luz muy brillante. Así de poderoso eres tú cuando estás conectado con tu ser. Has iniciado este viaje debido a un propósito; ¿acaso no es hermoso cuando lo descubres? Ahora es el momento de verte a ti mismo.

-EL PINÁCULO

Has sido creado a partir de las estrellas y has sido plantado en la tierra para desarrollarte. A lo largo de toda tu vida permaneces conectado con lo que está arriba y con lo que está abajo con una frecuencia energética que fluye a través de ti y que se llama la Línea. En todo momento y todos los días. Estás recibiendo mensajes de guía, amor y apoyo a través de tu Línea. Estos mensajes proceden de un espacio energético del Universo conocido como los registros akáshicos, que son activados por la energía vital de la Madre Tierra. Cuando escuches tus mensajes, aprenderás que todo lo que experimentas en este mundo físico tiene sus raíces en la parte energética que se encuentra en lo más profundo de tu alma. Estás hecho de energía, y tu alma te ayudará a comprender que la energía puede guiarte para retornar a ti mismo, con el fin de que puedas vivir siguiendo tu camino alineado.

El Pináculo me ha enseñado que la energía está en todas partes. Fluye a través de todas las cosas y está siempre en movimiento. Ellos han dicho que la energía tiene una pulsación y que esa pulsación es lo que medimos cuando calculamos los julios* o la resonancia de Schumann del campo electromagnético de la Tierra. La energía está alrededor de nosotros e interactuamos con ella a lo largo de toda nuestra vida, independientemente de que seamos conscientes o no de ello. Algunas personas pueden ver la energía, otras pueden oírla, pero todos podemos sentirla.

Tu alma es energía y te habla a través de movimientos de la energía que yo denomino vibraciones energéticas. Puedes sentir estas vibraciones energéticas en tu cuerpo físico a modo de dolores, estremecimientos, cosquilleos o incluso cambios en la temperatura corporal, pero predominantemente las sientes en forma de emociones. La razón por la que el alma tiene una vida física es porque desea experimentar emociones y aprender, crecer y evolucionar a partir de ellas, como preparación para su próxima experiencia. Una vez que el cuerpo ha completado su ciclo biológico natural, el alma asume una nueva forma, sea como otra vida humana o como otra expresión en algún

---

* N. de la T.: El julio es una unidad de energía muy pequeña. Aproximadamente, un julio es la cantidad de energía necesaria para levantar 0,1 kilos a una altura de 1 metro en la superficie terrestre.

lugar dentro de las dimensiones infinitas de nuestro Universo. La energía está siempre en movimiento, y el final de una vida física no es el final de un alma.

Lo que me parece apasionante es que tu alma no está atada a tu cuerpo ni a este mundo físico. Tu cuerpo es simplemente un «espacio» en el que tu alma existe en este momento presente (y en todos los momentos). El alma es multidimensional y tiene infinitas experiencias, incluyendo experiencias no humanas, en muchos planos diferentes de existencia *simultáneamente.* De manera que en cualquier momento puedes recibir información de cualquiera de todas esas experiencias. Aunque a estas experiencias se las conoce normalmente como tus vidas pasadas, porque esto se ajusta a la idea que tenemos los humanos del tiempo lineal, todas están sucediendo en el mismo tiempo *energético.*

A continuación compartiré un ejemplo ofrecido por el Pináculo. Imagina que tienes un plato de porcelana en la mano. Ese plato simboliza tu energía. Ahora imagina que el plato se te cae de la mano y se hace añicos. Uno de dichos trozos es tu energía en tu cuerpo físico, en esta vida física. Los demás trozos son las otras experiencias que tu energía está viviendo en diferentes dimensiones. Todos los trozos de porcelana están en el suelo al mismo tiempo porque tu energía está viviendo esta experiencia en tu cuerpo físico paralelamente a todas las demás experiencias, en este mundo y en otros. Tu alma existe de forma simultánea en muchas cronologías diferentes. Por esta razón, me referiré a estas experiencias multidimensionales como las otras vidas de tu alma. En el capítulo diez encontrarás una explicación más detallada.

La información de estas experiencias de tu alma están almacenadas en tus registros akáshicos, y si hay algo de cualquiera de ellas que puede servirte de ayuda (siempre lo hay), recibirás esta información como un mensaje a través de tu Línea. Has estado recibiendo estos mensajes cada día, durante todo el día, desde el momento en que respiraste por primera vez, y seguirán llegando a ti mientras tu corazón siga latiendo y tus pulmones sigan respirando. Yo los denomino mensajes, pero tú puedes llamarlos voz interior, intuición, presentimientos o sexto sentido. Estos mensajes respaldan el crecimiento y la evolución de tu alma, y te ayudan a aprender a transitar la vida en armonía con la expresión superior y más alineada de ti mismo.

Puedes considerar tu Línea como un sistema de archivo que contiene todo lo que necesitas para orientarte en esta etapa del viaje de tu alma, incluyendo descubrir tus propósitos y tus dones, y conocer los aspectos específicos con los que tu alma ha elegido trabajar y aprender como parte de su evolución continua. Cuando vivas tu vida desde tu Línea, tus mensajes te empoderarán para ser tu mejor maestro, tu líder más motivador y tu propio sanador. Todo está en tu interior. Esta es una nueva forma de vivir.

CÓMO TRABAJA LA LÍNEA

En esta vida eres energético y físico a la vez, y tus mensajes reflejan esta dualidad. Empiezan siendo transmisiones energéticas que llegan del espacio donde se almacenan tus registros akáshicos. Tus mensajes entran en tu cuerpo a través de la coronilla, el punto más alto de la cabeza. En

LA LÍNEA

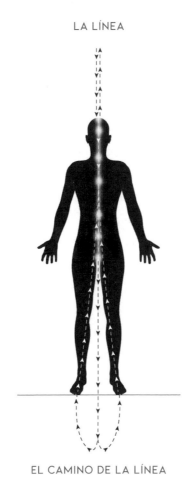

EL CAMINO DE LA LÍNEA

ese momento son energía pura porque proceden de un mundo exclusivamente energético. Después de recorrer la línea media de tu cuerpo (tu Línea), lo abandonan en la base de la pelvis, que es también la base de tu Línea. Desde aquí la energía se introduce en la Tierra; entonces la energía vital de la Madre Tierra se activa y trae tus mensajes al mundo físico para que puedas recibirlos.

Una vez activados, tus mensajes contienen la sabiduría de la historia de tu alma (tu esencia energética) y el conocimiento fundamentado para guiarte en esta vida terrenal (tu esencia física). Después de pasar a través de la Tierra, tus mensajes vuelven a subir y entran nuevamente en tu cuerpo a través de los pies. Ascienden por las piernas hasta llegar a tu Línea, donde están disponibles para ti. Este es un proceso automático y continuo que se produce muy rápidamente, de manera que puedes recibir los mensajes en cualquier momento del día, incluso ahora mismo mientras estás leyendo este libro.

Si todo esto te resulta novedoso, quiero que sepas que estás más conectado con tu Línea y con tus mensajes de lo que piensas. Esta energía ha estado contigo desde el momento de tu nacimiento. No tienes necesidad de aprender ninguna habilidad especial para recibir tus mensajes, porque eso ya está sucediendo. ¡Todo lo que necesitas es dirigir tu conciencia hacia ti mismo y también hacia la magia de la vida! Todo lo que necesitas para comenzar a vivir en armonía con tu Línea está dentro de ti. Ya es hora de que vuelvas a casa, a ti mismo y a tu energía.

¿DE DÓNDE PROCEDEN TUS MENSAJES?

Como ya he mencionado, tus mensajes proceden de tus registros akáshicos. Los registros están gobernados por el Pináculo, y ellos actúan como guardianes. Cuando alguien entra en ellos, el Pináculo decide qué información será compartida y cómo será la experiencia de esa persona dentro de los registros.

El Pináculo me ha comunicado que los registros akáshicos se almacenan en un grupo de estrellas de nuestro Universo físico denominadas las Pléyades (nos ocuparemos de ellas en el próximo capítulo) y que son la forma superior de la energía pleyadiana. Las Pléyades y el Pináculo forman parte del mundo superior, que contiene muchos otros puntos del Universo. El Pináculo también ha denominado a este mundo el Consejo de la Luz.

Imagina este mundo como si estuviera un peldaño por debajo de Dios, como el Uno Universal, el Creador, lo Divino o cualquier otro nombre con el que te sientas más a gusto a la hora de denominarlo. En este mundo hay energías y seres cósmicos con vibraciones superiores de amor puro, procedentes de infinitos lugares del Universo y el multiverso. Desde las principales estrellas y galaxias que conocemos de nuestro sistema solar (Sirio, Orión, Andrómeda, etc.) hasta las energías de los renombrados Maestros Ascendidos, como Jesús y Ganesh (dos ejemplos de seres que han trabajado junto con el Pináculo en los registros a través de mi Línea), todas ellas forman parte del Consejo de la Luz. Cuando estas energías llegan a mí, no me estoy conectando con una persona ni con una figura religiosa, sino con una expresión energética del amor divino, la misma energía con la que tú estás conectado a través de tu Línea. Los mensajes que estás recibiendo están imbuidos de la energía del amor del mundo superior.

¿QUIÉN ESTÁ ENVIÁNDOTE TUS MENSAJES?

En cada mensaje estás recibiendo exactamente lo que necesitas saber en ese momento para actuar con la versión más alineada, afectuosa y divina de ti mismo. Esta versión de ti se conoce como tu Ser Superior. En cierto sentido, eres guiado por la expresión superior de ti mismo.

Tu Ser Superior es tu guía más importante. Es la forma más pura de tu energía. Aunque comprende las emociones humanas, no se apega al dolor, al trauma ni a las heridas de ninguna de tus experiencias humanas. Tu Ser Superior es la energía del amor puro. Es por esta razón por lo que tu alma mira a tu Ser Superior en busca de guía. Aunque tu alma también es una energía, siente las emociones humanas porque quiere aprender a procesarlas. Tu alma es portadora de la alegría y del dolor, de la sanación y las heridas, de los triunfos y los traumas de esta vida y de sus otras vidas. Cuando te dejas guiar por tu Ser Superior, puedes responder a tus emociones y experiencias de una forma que contribuye con el aprendizaje superior y la evolución de tu alma. Por este motivo, a este trabajo lo llamo «crecimiento del alma».

Además de tu Ser Superior, tienes un equipo de apoyo cósmico que incluye también a todos los guías energéticos que te respaldan a lo largo de esta etapa del viaje de tu alma; entre ellos hay otras energías del Consejo de la Luz, seres celestiales y energías estelares, ancestros, amigos o familiares fallecidos, animales totémicos y, por supuesto, el Poder Superior (Dios, el Creador, lo Divino, el Universo o cualquier otra palabra que prefieras utilizar). Algunos guías estarán presentes a lo largo de toda tu vida; otros estarán contigo únicamente durante algunos capítulos de tu vida.

Piensa en tu Línea como una trenza de hebras energéticas. Hay una hebra para tu Ser Superior, una para tu equipo de apoyo cósmico y finalmente otra para tu mente humana. Tu Ser Superior se encarga de enviar los mensajes, tu mente humana los interpreta y tu equipo de apoyo cósmico está disponible para ti a través de tu Línea por si necesitas una orientación adicional o más apoyo para ayudarte a actuar de acuerdo con tus mensajes y vivir en este mundo físico. Cada una de las hebras de esta trenza desempeña una función importante.

He tenido muchas experiencias en los registros akáshicos en las cuales el guía más importante que se presentó en la lectura de un cliente fue su Ser Superior. Puedo decir que aunque su equipo de apoyo cósmico estaba presente, se mantuvo al margen limitándose a observar lo que sucedía mientras el Ser Superior tomaba el mando. Esto fue un gran descubrimiento tanto para mí como para mis clientes (en realidad, tú te guías a ti mismo). Lo mismo sucede con tu Línea. Tu equipo de apoyo cósmico te respalda y también respalda a tu Ser Superior. Tienes todo el derecho de adjudicarte el mérito, y no te olvides de agradecerte a ti mismo por los mensajes que llegan a través de tu Línea, por lo que haces con ellos, por los logros y el crecimiento que se producen gracias a dichos mensajes. Todo eso eres tú.

¿TU LÍNEA Y TUS REGISTROS AKÁSHICOS SON LA MISMA COSA?

Tu Línea te conecta con el mundo en el que tus registros akáshicos están energéticamente almacenados, y desde ese mundo te están guiando en cada momento del día, todos los días; sin embargo, esto no significa que tú estás «leyéndolos» o entrando en ellos en cada momento del día. He enseñado a leer los registros akáshicos a miles de personas de todo el mundo, y a pesar de que los mensajes proceden del mismo lugar, el proceso para trabajar con los registros es bastante diferente a la forma en que se utiliza la Línea. Para entrar formalmente en ellos practico un proceso más ritualista, que es el que enseño a mis alumnos. Al comienzo recito la plegaria del Nuevo Mundo, que implica cumplir con un conjunto de normas y mantener la devoción y el compromiso para poder desarrollar la capacidad de recibir información con el paso del tiempo.

Canalicé la plegaria del Nuevo Mundo el 30 de abril de 2020, cuando entramos colectivamente en un momento de cambio que definió una era. Transmitida por el Pináculo en un momento alineado, esta es una plegaria de compasión que apoya la introspección profunda y la autosanación. Es una plegaria de energía cósmica y terrenal que nos conduce a un mundo completamente nuevo dentro de los registros akáshicos. Esta plegaria fue canalizada a través de mí pero no me pertenece; nos pertenece a todos. Yo la utilizo para acceder a los míos, pero también la enseño a los alumnos que están aprendiendo a leerlos. Asimismo, está disponible para ti, de manera que puedes utilizarla. La encontrarás en el apéndice incluido al final del libro. Si te sientes inspirado, ¡pruébala!

El Pináculo me enseñó todo lo que sé sobre la Línea, para que pudiera enseñarte una forma rápida y fácil de acceder a la información que hay en tus registros akáshicos sin necesidad de realizar una práctica formal, recitar una oración ni seguir un ritual. La energía se mueve aceleradamente, los mensajes llegan de forma rápida y la Línea concuerda con la velocidad de nuestra época ofreciéndote orientación en el momento exacto en que la necesitas. También puede brindarte un momento de pausa para que puedas encontrar la presencia y la calma dentro de ti mismo, y recibir claridad en cualquier situación.

Hay una diferencia entre utilizar tu Línea para recibir información del mundo de tus registros akáshicos y entrar formalmente en ellos. Considéralo del siguiente modo: tus registros son una casa y tu Línea es el jardín. Ambos aspectos de la propiedad son importantes y los dos sirven a su propio propósito. Se complementan mutuamente. Cuando estás en el jardín puedes recibir una gran cantidad de información sobre el espacio. Puedes sentir la hierba bajo tus pies. Puedes ver las flores, el huerto, los árboles y los arbustos. Puedes andar por la acera o la calzada. Puedes ver la forma de la casa, su color y el número de la calle. Cuando miras a través de las ventanas puedes ver todo lo que hay dentro, todos los objetos que contienen la energía de la vida, desde las fotos en sus marcos hasta los diferentes muebles. Tienes una representación de su diseño arquitectónico general. Puedes ver si hay gente en su interior o si allí viven mascotas.

Ahora imagina que utilizas una llave para abrir la puerta y entrar en la casa. Con este solo gesto ya has alcanzado un nuevo nivel de profundidad en esta experiencia. Los sentidos se han activado con una mayor conciencia; puedes sentir el olor de cada habitación, tocar los tejidos y abrir los armarios y cajones. La información que obtienes en el interior de la casa complementa y enriquece todo lo que has aprendido mientras estabas en el jardín.

Una de las principales diferencias entre la Línea y los registros akáshicos es que la información que recibes a través de la Línea es exclusiva para ti. Se trata de una frecuencia que está conectada exclusivamente con tus registros y con los de nadie más. Puede ofrecerte orientación sobre circunstancias que involucran a otras personas o relaciones de tu vida, pero el objetivo de esa guía siempre es la evolución y el crecimiento de tu alma. No obstante, cuando entras realmente en los registros akáshicos puedes acceder a los registros de otra persona (con su consentimiento) además de los tuyos. También puedes leerlos para animales, edificios o terrenos.

Las dos prácticas van siempre de la mano, y para las personas que pertenecen a nuestra comunidad ha sido de gran ayuda utilizar su Línea como fuente principal de información, y han complementado dicha información con los registros siempre que lo han necesitado. ¡La Línea es muy accesible, viable y conveniente! Tu Línea está siempre activa; no hay que entrar en ningún lugar y tampoco hay que recitar ninguna plegaria. Esta información está siempre fluyendo a través de ti. Puedes recibirla y actuar de inmediato.

VIVIR EN ALINEACIÓN

El Pináculo nos anima a todos a «ser una partícula de luz activa en la anatomía total de esta experiencia colectiva». Si queremos brillar plenamente con todo lo que somos, tenemos que vivir en alineación con esa persona que los mensajes nos señalan que debemos ser. Imagina que cada individuo que habita el planeta es un píxel de color. Todos tenemos un matiz único que representa la esencia de nuestra alma: la expresión del propio y único propósito, de los dones, de las heridas, del crecimiento y del amor. Es una estructura que todos traemos con nosotros a esta vida.

Tu píxel de color se ilumina cuando tienes la intención de vivir alineado con tu Ser Superior y eres consciente de la belleza de esta experiencia física, del amor divino que fluye a través de todas las cosas y de la circunstancia de que estás aquí para realizar tu propósito. Cuando cada persona vive con la intención de estar en alineación, los píxeles individuales se encienden para formar un mural maravilloso. Si quieres estar al servicio de lo colectivo, para formar parte del «nosotros» debes ser capaz de conectar «contigo», porque lo colectivo no puede brillar de forma tan radiante si tú no estás iluminado. Tú cuentas, estás aquí y en este momento por una razón.

La alineación no es un estado permanente del ser y tampoco es lo mismo para todo el mundo. La alineación es una sensación que está disponible para ti en todo momento. Independientemente de que la experimentes o no, esa sensación se basa en las cosas que haces, dices y piensas. Tus mensajes te comunicarán qué necesitas hacer para estar alineado, pero todo esto cambiará de un momento a otro. Vivir en alineación es aprender a ser consciente de los mensajes que te están guiando y tener una actitud abierta y receptiva.

Tú tienes una frecuencia energética, y también la tiene tu Línea. La frecuencia de tu Línea nunca varía; sin embargo, tu frecuencia se modifica según tu estado emocional general. Nuestros cuerpos experimentan la energía en forma de emociones, y cuando cambies tu frecuencia para que concuerde con la frecuencia de tu Línea, sentirás que tu estado emocional se modifica.

Esto no significa que huyas de tus emociones. Has sido diseñado para sentir el espectro completo de emociones, desde la alegría hasta la cólera, desde la paz hasta la aflicción. Tu Línea no te impide sentir; tu Línea abre tu comprensión para que sepas qué es lo que tus sentimientos quieren enseñarte. Cuando conoces los motivos que subyacen a tus emociones, aprendes a transitarlas sin que ellas te controlen.

La frecuencia de tu Línea es tu constante energética, tu faro, tu Estrella del Norte. Está disponible para ti en todo momento porque fluye continuamente a través de ti. Tu Línea te ofrece una nueva perspectiva, una sensación de calma, gratitud por las adversidades, amor por ti mismo y, por supuesto, los mensajes de tu Ser Superior a los que debes prestar atención cada vez que necesites encontrar tu camino.

Tus mensajes te ofrecen consejos prácticos para equilibrar tu vida cotidiana como ser físico (aprender a comprender, gestionar, procesar y liberar tus emociones) con lo que tu ser energético necesita (utilizar tus dones, vivir de acuerdo con tu propósito, aprender que tu alma desea crecer en esta experiencia). Esto es lo que significa vivir en la Línea, y es diferente para cada persona. Sin embargo, el primer paso de este viaje es el mismo para todos: aprender a cambiar tu energía con el fin de adecuarla a la frecuencia de tu Línea, para que puedas recibir tus mensajes. Lo conseguirás practicando un ejercicio llamado «Activación de la Línea», que explicaré en detalle en el próximo capítulo.

Tus mensajes son entregados como gotas de agua —lenta, sutil y suavemente— y gotean en tu conciencia de forma continua, uno tras otro. El Pináculo ha dicho que si actúas teniendo en cuenta tus mensajes, pronto te encontrarás nadando en un océano de tranquilidad. Por el contrario, si los ignoras siempre estarás sediento.

Un océano de tranquilidad no es una falsa promesa de una vida fácil. Significa que aprenderás a considerar tus momentos de lucha y dificultades como oportunidades para tu crecimiento y evolución. Seguirás sintiendo todas esas hermosas y complicadas emociones sin saber qué es lo que está por llegar; sin embargo, tendrás una mayor comprensión, conciencia y gratitud por la experiencia que estás viviendo.

Cuando te liberas de las expectativas de cómo debería ser tu vida o la clase de persona que deberías ser y te dejas guiar por los mensajes que estás recibiendo de tu Ser Superior, puedes confiar en que eres capaz de transitar cualquier experiencia de la forma más alineada con tu alma. No siempre es el camino más fácil, pero es el camino de tu transformación.

Tu alma no se desarrolla, y tú no profundizas tu relación con tu propio ser, a partir de lo «fácil». El alma evoluciona desde la conciencia, la experiencia y el contraste de los altibajos energéticos. Tus mensajes te ofrecen la perspectiva que necesitas para aceptar que puedes aprender en cualquier situación y que puedes vivir cualquier tipo de experiencia como si estuvieras nadando en un océano de tranquilidad. «Puedes saber muchas cosas —ha afirmado el Pináculo—, pero no puedes saberlo todo». En este bello y milagroso don de la vida, siempre habrá algo de misterio.

Si ignoras tus mensajes, siempre «tendrás sed» de orientación, dirección, comprensión, sentido, conexiones y amor. La sensación de tener sed se produce cuando no estás alineado. Puedes sentirte inquieto, como si nunca estuvieras satisfecho en el momento presente. Puedes recurrir a otros para decidir lo que deberías hacer o ser. Puedes juzgar a los demás o anhelar la vida que tienen otras personas, en vez de llevar una vida alineada que te colmará de satisfacción en el nivel de tu alma. Esta sensación es muy incómoda.

Tus mensajes te muestran que tienes dentro de ti todo lo que necesitas para vivir en alineación, pero no se espera que lo hagas todo para ti mismo, por ti mismo. Todos necesitamos amor y apoyo, y cuando tomas conciencia de lo que tu cuerpo, tu energía, tu mente y tu alma necesitan en cada momento, a veces eres conducido hacia personas que pueden ofrecerte un mayor respaldo. Yo trabajo con diferentes sanadores intuitivos, que merecen todo mi respeto y mi confianza. Sé exactamente cuándo necesito tener una sesión con alguno de ellos; puedo sentirlo físicamente y también recibirlo como un mensaje a través de mi Línea.

También puedes recibir la guía de personas que están en tu vida y cuyo apoyo está alineado con lo que necesitas en ese preciso momento. Esas personas pueden ser tu pareja, un socio, un familiar o un amigo. Cuando recurres a estas relaciones en un estado de alineación, puedes buscar el respaldo que necesitas sin sobrecargarlas con tu energía. Tus mensajes te ayudarán a gestionar la energía de una manera sana, para que puedas recibir consejos y apoyo desde un lugar de conciencia y alineación.

Cada momento de amor, guía y apoyo que recibes a través de la Línea te permite avanzar por un camino alineado. Cada paso que das te ayuda a brillar un poco más, como tu única y divina expresión energética. Has nacido a propósito y con un propósito, y parte del viaje de tu alma en esta vida es descubrir este propósito y vivir de acuerdo con él. Tus mensajes pueden conducirte hacia tus propósitos; también pueden revelar los dones únicos que tu alma ha traído con ella a esta vida y las lecciones que ha venido a aprender en esta existencia. Cuando te comprometes con la práctica, trabajas con tus propósitos, dones y lecciones en cada momento de cada día.

No hay ningún orden preestablecido para descubrir estos aspectos de ti mismo, pero cuanto más utilices tu Línea, más los conocerás. Tu Línea te ofrece información, guía y consejos prácticos ilimitados que son exclusivos para ti, para el viaje de tu alma y el propósito de tu vida. Solo necesitas comenzar a recibir los mensajes que llegan a través de tu Línea las veinticuatro horas de los siete días de la semana.

En cuanto te alineas con la frecuencia de tu Línea, la energía que hay en tu interior se transforma. Tu comunicación energética con el universo cambia. Y este cambio representa una oportunidad para que toda tu vida se transforme.

¿Estás preparado para aprender más? Ha llegado la hora de activar tu Línea y de traer a tu conciencia todos estos mensajes que fluyen a través de ti. Sigo tomándote de la mano. Siente mi energía mientras lees estas palabras. Estoy aquí para guiarte y apoyarte hasta que estés preparado para comenzar a confiar en que todo lo que necesitas saber está a tu alcance a través de tu Línea.

CAPÍTULO 2

CÓMO ACTIVAR TU LÍNEA

Tómate tu tiempo para conocerte a ti mismo.
Tómate tu tiempo para ser tú mismo.
Tómate tu tiempo para guiarte a ti mismo.
Tómate tu tiempo para amarte a ti mismo.

-EL PINÁCULO

L a Activación de la Línea es una práctica simple que combina la respiración profunda y algunas repeticiones breves de movimientos con los brazos. El objetivo de la Activación de la Línea es activar tu conciencia para percibir la frecuencia energética de tu Línea y de los mensajes que fluyen a través de ti, lo que facilita que los recibas con claridad, eficacia y velocidad. La respiración centra tu energía y los movimientos de los brazos imitan el fluir de la Línea a través de tu cuerpo. Es como encender tu conciencia.

Activar tu Línea es la forma de acceder a tus registros akáshicos a la velocidad de la luz, porque esto te ofrece un acceso directo e inmediato a la misma frecuencia que tienen los registros. Puedes recibir información sobre cualquier aspecto de tu vida, desde cómo sobrellevar un día de mucho estrés hasta los maravillosos dones y propósitos que tu alma ha traído a esta vida.

La Activación de la Línea es la práctica clave a lo largo de este libro. Está incorporada en los ejercicios y las enseñanzas, y te animo a que la integres en tu rutina cotidiana para poder aprovechar todos los beneficios de este libro. Vivir en la Línea es un estilo de vida que requiere conciencia y atención constantes, y como sucede con cualquier otra práctica, los resultados dependerán de tu compromiso.

Mientras aprendes, te animo a activar tu Línea al menos una vez al día, además de las activaciones de la Línea que realices para los ejercicios de este libro. Creo que comenzar el día con una Activación de la Línea puede ayudarte a establecer tus intenciones o a realinear tu energía antes de empezar tus actividades. Sin embargo, también puedes hacerlo antes de meditar, en un descanso que te tomes por la tarde o al final de la jornada.

Escucha atentamente los consejos que estás recibiendo y sé lo suficientemente espontáneo como para activar tu Línea en el momento preciso que sientas que debes hacerlo. No te cuestiones, limítate a hacerlo. Cuanto más practiques, más fuerte será tu conciencia, y más abierto estarás para recibir tus mensajes. Adecua la práctica a tus necesidades haciendo aquello que te parezca conveniente para ti en cada momento.

. . . .

EJERCICIO: ACTIVACIÓN DE LA LÍNEA

Encuentra una posición que te resulte cómoda, sea de pie o sentado(a), y concéntrate en el momento presente. Cierra los ojos y respira profundamente varias veces por la nariz. Algo que puede ayudarte a aquietar tu mente y centrarte es imaginar una línea de luz blanca y brillante que recorre todo tu cuerpo, desde lo alto de la cabeza hasta los dedos de los pies, iluminándote con una energía divina. A mí me gusta hacer esto, pero a Ben no le sucede lo mismo; así que puedes probar diferentes formas para descubrir cuál es la que más te ayuda.

1. Respira y muévete para activarte

Con los ojos cerrados, junta las palmas de las manos a unos pocos centímetros por delante de tu cuerpo, en una posición semejante a la que se adopta para orar, y luego sube las manos, manteniendo la posición de rezo, hasta colocarlas por encima de la cabeza. Inhala profundamente por la nariz contando entre cuatro y seis segundos; a continuación exhala por la boca contando nuevamente de cuatro a seis segundos, manteniendo las manos por encima de la cabeza en todo momento.

Inhala nuevamente por la nariz y en esta ocasión, mientras exhalas mueve lentamente las manos hacia abajo, a lo largo de la línea media de tu cuerpo, manteniéndolas todo el tiempo a unos pocos centímetros por delante de él.

Tus manos comenzarán naturalmente a separarse en torno a la región central de tu cuerpo. Con los dedos corazón en contacto, inhala y presiona las manos una contra otra mientras vuelves a subirlas para regresar a la posición donde se encontraban al inicio, es decir, por encima de la cabeza. Cuando hayas realizado un movimiento completo hacia arriba y hacia abajo, habrás realizado la primera secuencia.

Si te resulta más cómodo puedes inhalar mientras mueves las manos hacia abajo y exhalar mientras las subes. Dado que cada inhalación y exhalación deberían durar entre cuatro y seis segundos, mueve las manos lentamente para que lleguen a su destino final (encima de la cabeza o la región central del cuerpo) al final de la respiración.

Repite cuatro secuencias hacia arriba y hacia abajo para activar tu Línea. Puedes consultar videos de instrucciones en YouTube y en www.alnwithin.com.

2. Permanece en activación

Después de completar los movimientos anteriores, mantén los ojos cerrados, coloca las manos a los lados de tu cuerpo o en posición de rezo junto a tu pecho, lo que te resulte más cómodo, y sigue respirando por la nariz con tu ritmo normal. Esto se conoce como estar en activación. Estás presente, estás inmerso(a) en una quietud meditativa y te permites ser y recibir. Cuando estás en activación, puedes observar un cambio en tus emociones, tu conciencia o tu energía general. Puedes sentir la frecuencia de tu Línea, que puede manifestarse como una sensación de calma, mayores expectativas respecto de alguna situación o un profundo amor hacia ti y hacia los demás. Durante este tiempo también puedes pedirle a tu Ser Superior que te guíe o te dé claridad, pero hablaremos más de esto en el siguiente capítulo.

....

PREGUNTAS FRECUENTES SOBRE LA LÍNEA

¿CUÁNDO DEBERÍA ACTIVAR MI LÍNEA?

Puedes activar tu Línea en cualquier momento y en cualquier lugar. Se trata de integrar la práctica en tu vida, no de adaptar tu vida a la práctica. Te animo a que esta práctica forme parte de tu rutina diaria. Además de las activaciones regulares, es posible que desees activarla en esos momentos en que te sientes desconectado de ti mismo, necesitas estar tranquilo y centrado, quieres sentir amor o precisas una nueva perspectiva sobre una situación que estás atravesando, y también siempre que te sientas llamado a hacerlo.

Nuestra comunidad ha introducido esta práctica en su vida de muchas formas interesantes. Una persona dijo:

> La primera activación de mi Línea cambió mi vida por completo. Me sentí empoderada al sentir mi energía, confiar plenamente en los mensajes que estaba recibiendo y hacerle caso a mi intuición. Las activaciones diarias de la Línea han sido el motivo fundamental de que mi viaje espiritual haya evolucionado hasta el punto en el que me encuentro ahora. Son una conexión inmediata a tierra. Cualquier persona puede hacerlo, y en cualquier

lugar; precisamente esa es su belleza. ¡Ha sido un regalo tan grande! Ha contribuido a mi bienestar general, y estoy muy agradecida por esta práctica.

Muchos instructores de yoga de nuestra comunidad enseñan a sus alumnos a hacer una Activación de la Línea con el propósito de que centren su energía y vuelvan al presente antes de comenzar la clase. Las enfermeras de nuestra comunidad han manifestado que en 2020, cuando comenzaron a experimentar cambios como consecuencia de una Activación de la Línea, recibían mensajes frecuentes de cuidarse a sí mismas, física y emocionalmente, durante aquellos momentos tan complicados. A algunos artistas de nuestra comunidad les gusta realizar una Activación de la Línea antes de pintar, escribir o crear. Y los padres y madres (como yo) hacen activaciones de la Línea con sus hijos, para diluir momentos de tensión o para enseñarles a gestionar su energía y a conectarse consigo mismos.

Una de las madres de nuestra comunidad afirmó:

Hacer activaciones cada día ha contribuido a generar un espacio de paz que nuestro hogar necesitaba desesperadamente. He compartido sus enseñanzas con mi marido y mi hija, y les he enseñado a crear una sensación de calma mediante esta práctica. Es muy probable que mi hija de cuatro años no sepa exactamente qué es lo que está haciendo, pero las dos estamos en completa armonía cuando está sentada junto a mí durante los pocos minutos que tardamos en hacer nuestra Activación de la Línea. Poco después, impera una sensación de equilibrio y tranquilidad. No pasa un solo día sin que hagamos nuestras activaciones, ¡y personalmente me he sentido más ligera que nunca al estar alineada con mi verdadero ser!

¿CUÁNTO TIEMPO DEBO PERMANECER EN ACTIVACIÓN?

Cuando comiences a realizar esta práctica, te animo a permanecer en activación durante cinco minutos como mínimo, para que puedas llegar a observar cómo es esta energía. Toma nota de cómo te sentías antes de la activación de tu Línea y luego compáralo con cómo te sientes mientras estás en activación. Es importante que te tomes el tiempo suficiente para sentir la frecuencia de tu Línea en tu cuerpo físico, independientemente de que lo experimentes como un cambio en tu estado emocional, claridad para considerar una determinada situación o la recepción de un mensaje.

Por lo general, la intención que tienes para activar tu Línea determina cuánto tiempo permanecerás en activación. Si estás activando tu Línea para alinear tu energía, realiza la activación hasta que sientas un cambio en tu energía y tus emociones, como si estuvieras saliendo del momento presente para ganar una nueva perspectiva y tranquilidad. Si lo que deseas es recibir tus mensajes, permanece en activación hasta que lleguen a ti. En el próximo capítulo hablaremos más de tus mensajes, qué son y qué es lo que sientes cuando los recibes.

¿DEBO ESTAR SENTADO PARA REALIZAR LA ACTIVACIÓN?

Puedes estar sentado, de pie o tumbado. Encuentra una posición cómoda que te facilite tomar conciencia de tus mensajes y de la frecuencia de tu Línea.

¿CÓMO ME SENTIRÉ DURANTE Y DESPUÉS DE LA ACTIVACIÓN DE MI LÍNEA?

La Activación de la Línea te brinda paz, calma y perspectiva, y en ocasiones también puede provocar una liberación emocional. Puedes sentir su efecto como un cosquilleo en el interior de tu cuerpo, como si tus sentidos estuvieran despertando y comenzaran a activarse. Puedes experimentar una sensación de ligereza en tu mente, sentir que el espacio de tu corazón se expande o que tu espina dorsal se alarga. También puedes sentir un hormigueo en las manos y los pies, o incluso una sensación de ligera quemazón. Todas estas sensaciones te indican que la energía se está activando en tu interior y son respuestas físicas seguras.

También puedes sentir presión en la cabeza y el cuello mientras haces la Activación de tu Línea o permaneces en activación, y esto depende de lo abierto o cerrado que estés actualmente para sentir tu cuerpo energético. Algunos miembros de la comunidad manifiestan que cuando les sucede esto sienten inquietud y un ligero temor, y entonces reaccionan cerrándose a esta energía. No debes preocuparte si has experimentado algo semejante: forma parte del proceso natural de abrirse para liberar la energía estancada. Cuanto más practiques, más ligero te sentirás.

Imagina que abres la puerta de una habitación que ha estado cerrada durante años. El aire que hay en la estancia es pesado y opresivo, y necesitas abrir la ventana de inmediato. Al cabo de unos pocos minutos de haber aireado la habitación, el ambiente se torna luminoso y claro. La Activación de la Línea crea un fluir y un movimiento considerables de la energía a través de tu cuerpo, y debes permitir que se produzca este proceso. A lo largo de toda la práctica estás trabajando con tu energía; eres tú, y solamente tú. Ríndete a ti.

¿PUEDO ACTIVAR MI LÍNEA SI ESTOY BAJO DE ÁNIMO?

En cierta ocasión escuché a un miembro de la comunidad afirmar que no se debía hacer una Activación de la Línea con el estado de ánimo bajo. Esta afirmación de ninguna manera es correcta. Tus emociones son tu energía hablando contigo. Reconoce lo que estás sintiendo, no tengas miedo y utiliza esta práctica para descubrir cuál es el motivo más profundo de las emociones que estás experimentando.

Aun en el caso de que te sientas tan desanimado que ni siquiera puedes albergar la sincera intención de sentirte activado, te recomiendo realizar una Activación de la

Línea porque la energía se desplazará por todo tu cuerpo solamente gracias al movimiento y a la respiración. Esto cambiará tu frecuencia, y tú lo sentirás como un cambio en tus emociones, aunque solo sea momentáneamente. Y ese cambio te permitirá tomar consciencia de que hay una frecuencia diferente en tu interior. No es necesario que realices esta práctica cuando te sientes bien; sin embargo, puede ayudarte a cambiar tu energía para que puedas sentirte mejor.

¿PUEDO HACER MÁS O MENOS SECUENCIAS DE LOS CUATRO MOVIMIENTOS DE BRAZOS?

El Pináculo me ha enseñado que la gran transformación se realiza en series de cuatro, y esto se refleja en el ciclo de cuatro estaciones en muchas partes del mundo natural. Deberías completar las cuatro secuencias, pero puedes hacer otras si necesitas más tiempo para alinearte con la frecuencia de tu Línea. Te recomiendo tener una actitud abierta y ser consciente de tus necesidades cada vez que haces una Activación de la Línea. En un determinado momento puedes completar las cuatro secuencias, pero tal vez en la siguiente ocasión necesites hacer ocho o diez antes de notar el cambio en tu energía. Todos los miembros de nuestra comunidad la practican de formas ligeramente diferentes. En sus prácticas hay variaciones regulares que responden a la energía que están sintiendo en un momento en particular.

¿ES OBLIGATORIO HACER LOS MOVIMIENTOS DE BRAZOS?

Tal vez alguna vez sientas que necesitas gestionar tu energía cuando te encuentras en un espacio público, donde no te sientes cómodo para hacer los movimientos con los brazos. En una situación semejante, lo mejor es que te concentres en tu respiración y en la intención de volver a la frecuencia de tu Línea. Si te sirve de ayuda, cierra los ojos y visualiza como la energía recorre tu Línea de arriba abajo. Tu intención siempre es lo más importante.

¿Y QUÉ PASA SI NO SOY CAPAZ DE VISUALIZAR?

Con el paso de los años, he escuchado a algunos miembros de nuestra comunidad afirmar que no pueden visualizar. Si este es tu caso, quiero tranquilizarte porque eso no te impide hacer este trabajo. Aquí se trata de despertar tu cuerpo físico y sincronizarlo con la frecuencia energética de tu Línea. Si la palabra *visualizar* te resulta confusa o te desalienta, te invito a reemplazarla por *imaginar* o *fantasear* (como si estuvieras pensando en tu lugar favorito de la Tierra o evocando un recuerdo muy apreciado).

También es importante mencionar que tener una visión requiere focalizarse y practicar, además de tener la determinación de hacerlo. Si eres novato en el tema de la visualización, es probable que tu mente activa intente distraerte por todos los medios. Tu ego, tus miedos y otros pensamientos pueden nublar o alterar tu visión. Trabaja con todo esto de la misma forma que trabajarías para desarrollar cualquier otra habilidad. Seguiré hablando de este tema a lo largo del libro.

¿CUÁNDO COMENZARÉ A RECIBIR MIS MENSAJES?

Es probable que al principio experimentes simplemente una sensación de calma y comodidad, y que no recibas ningún mensaje. Y eso está bien. Está mejor que bien. Celebra cualquier experiencia que tengas y confía en que si sigues practicando la Activación de tu Línea, tu conexión con la frecuencia será cada vez mayor y además se modificará.

Es importante practicar la Activación de la Línea sin ninguna expectativa de cuándo llegarán los mensajes ni cuál será su contenido. Lo que debes hacer es prestar atención a la energía que estás alineando mientras activas tu Línea. ¿Qué es lo que sientes? ¿Cómo te sentías antes de activar tu Línea? ¿Cómo te sientes después de haberlo hecho? El Pináculo ha dicho: «Utiliza tus emociones como si fueran tu brújula». Observa cómo te sientes antes, durante y después de cada activación.

En el siguiente capítulo hablaré más detenidamente de los mensajes, de manera que por el momento permanece abierto, receptivo y presente mientras practicas la Activación de tu Línea para percibir todo lo que llega a ti durante y después. Esta práctica te ayuda a abrir tu conciencia a la frecuencia que siempre está fluyendo a través de ti, todo el día, todos los días, y no solo cuando estás activando tu Línea.

He observado que cuanto más tiempo permanezco en activación después de haber practicado una activación, más claramente recibo los mensajes a lo largo del día. Algunas veces no recibo mensajes hasta después de haber pasado algún tiempo en activación; en otras ocasiones pueden aparecer una hora más tarde o incluso en mis sueños por la noche. La práctica pretende activar la conciencia de tu Línea, para que puedas ponerte activamente en modo receptivo.

¿Y QUÉ PASA SI NO RECIBO LOS MENSAJES DE INMEDIATO?

Siempre que alguien me hace esta pregunta respondo: «Si hoy has decidido aprender un nuevo idioma, ¿esperarías hablarlo fluidamente mañana mismo?». Estás aprendiendo un nuevo lenguaje que está dentro de ti, el lenguaje de tu alma, y si nunca le has prestado atención lo más probable es que necesites un poco de tiempo para recibirlo abiertamente y creer en él. Debes tener paciencia y permitirte generar espacio para crecer con esta práctica. Te prometo que lo conseguirás, porque se trata de ti. Todo está dentro de ti.

¿Y QUÉ PASA SI APARECEN PENSAMIENTOS EN MI MENTE MIENTRAS ESTOY HACIENDO LA ACTIVACIÓN DE MI LÍNEA?

Lo mejor que puedes hacer es darles la bienvenida, observarlos y aceptarlos. La práctica de la Activación de la Línea no significa tener una mente silenciosa y tranquila. Se trata de recibir todo lo que llegue a ti, incluidos tus pensamientos, porque con frecuencia tus mensajes están dentro de tus pensamientos. Tu mente desempeña una función esencial al traducir tus mensajes, y por eso es importante observar tus pensamientos, tanto conscientes como subconscientes, durante la práctica. Todo lo que recibas durante la activación, incluidos tus pensamientos, tiene un significado más profundo. Debes dejar que todo llegue a ti.

TUS PUNTOS DE ACTIVACIÓN

En tu cuerpo hay dos puntos de activación energéticos por donde tu Línea y tus mensajes entran y salen de tu cuerpo: el *punto de activación universal* se encuentra en la coronilla, en la zona más alta de la cabeza, por donde la energía del Universo entra en tu cuerpo, y el *punto de activación de la Tierra* está en la base de tus pies, donde te conectas con la energía telúrica.

La secuencia de movimientos con los brazos en la Activación de la Línea imita el fluir de los mensajes que llegan desde los registros akáshicos y entran en ti a través de la coronilla, descienden por tu cuerpo, lo abandonan por la base de la pelvis antes de introducirse en la Tierra y luego vuelven a subir por tu cuerpo a través de las plantas de los pies.

La práctica de la Activación de la Línea produce cambios en tu energía para que se adapte a la frecuencia de tu

Línea, pero también puedes desarrollar una conexión con estos dos puntos de activación con el fin de fortalecer tu conciencia de esta frecuencia. Las activaciones universales y de la Tierra describen la energía y las emociones que recibes desde estos dos puntos, que te devuelven al amor divino que fluye a través de ti.

PUNTO DE ACTIVACIÓN UNIVERSAL

El punto de activación universal es tu punto de conexión con el espacio de los registros akáshicos, desde donde llega esta energía y también tus mensajes. El ámbito de los registros akáshicos es una zona energética, lo que significa que no puedes verla con tus ojos físicos, aunque sí puedes ver los puntos del universo físico que lo rodean.

El Pináculo ha dicho que nuestros registros akáshicos están almacenados en un grupo de estrellas llamadas Pléyades. También ha dicho que este es su hogar energético, razón por la cual yo los canalizo a través de los registros. Les gusta comunicarse a través del número cuatro, y por lo tanto no es una mera coincidencia que las Pléyades se encuentren a 444,2 años luz de la Tierra. Puedes localizar este grupo de estrellas en el cielo nocturno desde cualquier zona de la Tierra. Busca la constelación Orión y luego traza una línea desde el Cinturón de Orión hasta una gran estrella roja llamada Aldebarán, hasta que distingas un pequeño grupo de estrellas. Estas son las Pléyades. A pesar de ser un grupo pequeño y de no ser las estrellas más brillantes del cielo en la noche más clara, las Pléyades han sido un elemento universal importante que ha atraído la atención de los seres humanos desde hace mucho tiempo.

Las Pléyades no son visibles todo el año, y su aparición en el cielo (aproximadamente desde noviembre hasta abril) ha sido considerada como una fecha significativa en los calendarios de muchas civilizaciones diferentes a lo largo de la historia humana, que marca cambios estacionales o temporales, recuerda cuándo se deben iniciar algunas labores agrícolas –como, por ejemplo, plantar o cosechar– o indica importantes fiestas religiosas.

Para algunos pueblos de las islas de la Sociedad del Pacífico Sur, el calendario se divide en dos estaciones diferentes que corresponden a la aparición de las Pléyades sobre el horizonte oriental y su desaparición por el horizonte occidental. Los iroqueses* dividen el año en una mitad masculina y otra femenina, y la aparición de las Pléyades en el cielo marca el inicio de la mitad femenina del año.[1] El antiguo poeta griego Hesíodo escribió en su poema *Trabajos y días*, con frecuencia descrito como uno de los primeros almanaques agrícolas, que cuando las Pléyades aparecen en el cielo nocturno nos recuerdan que hay que trabajar la tierra y cuando desaparecen a finales de octubre o principios de noviembre nos recuerdan que «ha llegado el momento de arar: así todo un año completo transcurrirá convenientemente bajo la tierra».[2] Muchos otros

---

* N. de la T.: Los iroqueses o *haudenosaunee* (en lenguas iroquesas, 'gente de la casa larga') son una confederación nororiental de nativos americanos históricamente poderosa.

pueblos, incluyendo los guaraníes del Paraguay, o los pies negros de Norteamérica, utilizan las Pléyades para establecer las prácticas agrícolas.[3]

Las Pléyades también han tenido un papel destacado en las historias, las mitologías y el folclore de diferentes grupos culturales prácticamente en todos los continentes a lo largo de la historia, incluidos muchos pueblos indígenas de las Américas, pueblos aborígenes australianos y antiguas civilizaciones europeas que se remontan a la Edad de Bronce. En 1999 fue descubierto un antiguo artefacto datado en el 1600 a. C., conocido como el Disco Celeste Nebra. En este disco de bronce están grabados en relieve unos símbolos que representan una luna creciente, el sol y el cúmulo estelar de las Pléyades, lo que significa que es el mapa de estrellas más antiguo conocido hasta el momento.[4]

Las Pléyades han sido una importante fuente de sabiduría, guía y comprensión a lo largo de la historia humana, y creo que esto se debe a que en esas estrellas está el hogar de los registros akáshicos. Allí está almacenado todo lo que nuestras almas han experimentado, y nos sentimos atraídos hacia esta energía. Cuando elevamos la mirada a las Pléyades, vemos una parte de nosotros mismos.

La próxima vez que mires el cielo nocturno, puedes verte en las estrellas, como si estuvieras diciéndole al Universo y también a ti: «Sé que mi alma me trae hasta aquí, mi Línea me conecta con esto y de este mundo estoy recibiendo puro amor divino y guía». Siente la energía que llega a ti y recíbela en tu cuerpo como amor, alegría, asombro y conexión. Así es como se recibe una activación universal.

La energía y la emoción que recibes están dirigiendo tu conciencia hacia tu conexión íntima e innata con las estrellas. Si nunca has localizado a las Pléyades en el cielo, presta atención a lo que sientes la primera vez que lo haces. Si ya las has visto, sé consciente de tus emociones la próxima vez que las veas. Dichas emociones son importantes, incluso aunque sean sutiles. Tú perteneces al Universo y tienes un trozo del Universo dentro de ti. Estas activaciones universales te lo recuerdan.

¿Has sentido alguna vez mariposas en el estómago o en el corazón mientras contemplabas un amanecer, esos brillantes matices rojos, rosados, anaranjados y amarillos tiñendo la tierra oscura, trayendo la luz de un nuevo día? ¿Has sentido una explosión de energía en tu interior al ver una estrella fugaz o al encontrar un planeta en el cielo nocturno? ¿Has experimentado alguna vez la magia de observar la danza de las magníficas auroras boreales en el cielo? ¿O al ver franjas de luz atravesando las nubes mientras el sol se oculta detrás del horizonte? Estos rayos de luz, a menudo conocidos como rayos crepusculares, también son llamados «rayos de Dios» y verlos se parece mucho a un milagro. Todos estos son momentos de activación universal, oportunidades para sentir la belleza del Universo en tu cuerpo físico.

En algunas ocasiones se producen alineaciones importantes de las estrellas y los planetas, que causan cambios en tu energía y en tus emociones, y en tu capacidad para conectar con tus mensajes. Podemos sentir los efectos que todos los astros tienen sobre nuestra energía, y puedes comprobarlo con nuestra luna. La próxima vez que haya luna llena, luna nueva o un eclipse de luna parcial o total, presta atención a tus emociones y tu energía. Estos eventos son momentos muy propicios para recibir activaciones universales a través de tu Línea.

PUNTO DE ACTIVACIÓN DE LA TIERRA

Nuestra alma tiene una conexión sagrada con el mundo natural y nuestra Madre Tierra. Aunque eres un ser energético con una intrínseca conexión espiritual con el Universo, tu alma ha elegido tener esta experiencia humana aquí en la Tierra y cuentas con el apoyo de la energía de la Tierra que desempeña una función especial para permitir que recibas tus mensajes.

Cuando tus mensajes descienden del Universo, son pura energía; deben llegar a la Tierra para que puedas recibirlos. Durante este proceso, la Tierra traduce estas transmisiones energéticas en mensajes inteligibles que puedes recibir en el mundo físico. Dado que la energía de la Tierra activa todos los mensajes que proceden de los registros akáshicos, la historia de tu alma (y la historia de todas las almas) no solamente está almacenada en el espacio de los registros, sino también en la Tierra que hay debajo de tus pies. Conectarte con la Tierra te asienta en tu cuerpo físico y en este plano físico y al mismo tiempo te conecta con tu ser energético.

Puedes recibir activaciones de la Tierra estableciendo una conexión intencional y recordando que tu energía está almacenada en ella. Activar esta conexión te ayuda a centrarte y sanarte, y te permite retornar a ti y a tus mensajes.

¿En alguna ocasión te has quedado sin aliento por el mero hecho de estar en la naturaleza? ¿Has sentido alguna vez la tranquilidad de contemplar una pradera interminable o el poder de la Tierra al estar junto a una colosal y majestuosa cadena montañosa? ¿Te has detenido alguna vez a escuchar el sonido de las olas del océano al romper contra las rocas o te has sentido cautivado por la quietud etérea de una poza? ¿Has disfrutado al sentir el fresco rocío matutino en las plantas de los pies, al escuchar el sonido de una gran masa de agua que parece cantar mientras se congela o al percibir el silbido del viento en las copas bamboleantes de los árboles?

La mejor forma de conectar con la energía de la Tierra es salir a la naturaleza, en cualquier estación del año, y respirar profundamente. Sentir la temperatura del aire mientras entra en tus pulmones y se desplaza a través de tu cuerpo. Percibir la calidez del sol sobre tu rostro. Recibir las gotas de lluvia o los copos de nieve a medida que tocan tu piel. Quitarte los zapatos y dejar que tus pies se hundan en la tierra. Pasar las manos sobre la hierba, meterlas en la arena o en el fango para tener una conexión física directa con la Tierra. Todo esto te ayudará a aclarar tus pensamientos y a liberar cualquier tensión almacenada en tu cuerpo.

Independientemente de que vivas en un bosque lejos de la gente o en una gran ciudad, debes estar en comunión con la naturaleza. Y para ello solo se necesita dar un paseo por un parque o simplemente tocar un árbol plantado junto a la acera. Habla con los árboles, con los animales, con las flores, con el viento y con el cielo, utilizando tu voz o tu energía. Todas las cosas tienen conciencia, y recibirás comunicaciones del mundo natural cuando te abras a él. Si no tienes posibilidades de salir a la naturaleza, cierra los ojos e imagina tus pies sobre la tierra. Siente que desde las plantas de tus pies crecen las raíces fuertes y gruesas de un árbol que se hunden en la tierra.

Puedes conectar con el planeta en cualquier estación del año. Yo vivo en una de las regiones más frías de Canadá, y tenemos temperaturas invernales durante seis meses al año. La tierra y el agua se congelan y están cubiertas de nieve, y la temperatura puede descender hasta los cuarenta grados bajo cero, algunas veces incluso más. Cuando te entregas a la incomodidad de los elementos, cualquiera que sea el significado que le des a la palabra *incomodidad* en este contexto, y permites que tu Ser Superior te guíe y fluya a través de ti, puedes descubrir una belleza inimaginable, liberación y libertad. Entonces recordarás que eres capaz de superar cualquier cosa que surja en tu vida. Si la Tierra puede congelarse y renacer algunos meses más tarde, si un bosque puede ser devastado por el fuego y poco después brota la nueva vida, entonces nosotros también podemos movernos a través de las estaciones de nuestras vidas.

También puedes traer plantas a casa y dedicar parte de tu tiempo a cuidarlas, regarlas, podarlas, remover la tierra e incluso hablarles. Esto facilitará que recibas activaciones de la Tierra durante todo el año.

Otra forma de recibirlas es a través de los alimentos. Al comer «cerca de la tierra», como afirma el Pináculo, nutres tu cuerpo físico y tu cuerpo energético. Comer cerca de la tierra significa consumir alimentos que proceden de ella, como pueden ser frutas, hortalizas, frutos secos y semillas. Consumir estos alimentos en su forma natural, sin procesar (o lo menos procesados posible) conecta tu cuerpo con la energía de la Tierra porque es allí donde han nacido. Alimentarte con productos de la estación, más allá de lo que eso signifique en el lugar donde tú vives, también fortalece tu conexión con la Tierra.

Al observar los detalles de la Madre Tierra, diseñados de una manera intrincada y divina, de la forma que esté a tu alcance, recibes activaciones de la Tierra. Recuerdas quién eres, cuáles son tus raíces físicas y tu núcleo energético. Una vez que comienzas a analizar el infinito y expansivo amor que ofrece la Madre Naturaleza, aumenta tu conciencia de la energía de tu Línea y te resulta más fácil cambiar a esta frecuencia para poder recibir todos los mensajes que fluyen a través de ti.

CAPÍTULO 3

CÓMO RECIBIR TUS MENSAJES Y CONFIAR EN LO QUE LLEGA A TI

Caminas con grandeza, caminas con conocimiento;
caminas con todo lo que se manifiesta ahora. No te
contengas, no te escondas. Toma esa llave y abre
tu ser, ahora es el momento, hoy es el día.

–EL PINÁCULO

Cuando tenía algo menos de treinta años trabajaba en un banco. Formaba parte del comité de salud y bienestar, y siempre buscaba la forma de integrar pequeños cambios para mejorar el trabajo diario de mis colegas. Recuerdo en particular una reunión de equipo, en la cual puse una grabación de una meditación guiada. Cerré los ojos y me trasladé a otra dimensión, y al finalizar la sesión sentí que había recibido la realineación perfecta del mediodía. Cuando pregunté a los demás cómo habían vivido la experiencia, la mayoría de mis colegas afirmó haber pasado la mayor parte del tiempo con un ojo abierto, mirando a su alrededor para asegurarse de que «lo estaban haciendo bien», y no habían estado realmente receptivos a la experiencia como para poder acceder a la relajación ni a la breve pausa que puede ofrecer una meditación guiada en la rutina laboral. La idea era muy simple: siéntate en tu silla con los pies en el suelo, cierra los ojos y respira profundamente.

Sin embargo, para muchos de los que estaban en esa sala todo esto resultó muy difícil. Y el motivo no fue que las instrucciones les habían parecido complicadas. Se trataba de confiar en que la meditación era «correcta», independientemente de lo que sintieran o pensaran de ella. ¿Cuántas veces has estado en una situación en la que en vez de creer en ti, te has dirigido a otras personas para que te confirmaran que lo que estabas haciendo, pensando o diciendo era correcto? Cuando buscamos la opinión de los demás, nos distraemos de nuestras propias verdades. Al dudar de nuestra conciencia y nuestras habilidades, hasta las cosas más insignificantes resultan difíciles. Uno de los propósitos principales de este libro es enseñarte a confiar en ti. El primer paso es dejar de mirar fuera de ti. Cuando se trata de confiar en tu propia persona y recibir tus mensajes, no hay nada «normal» con lo que debas compararte. Tu experiencia será maravillosamente única para ti, y para poder aprender todo lo que comparto en este libro debes empezar por conectar contigo mismo, tus emociones, tus pensamientos y tus experiencias, y confiar en que todo ello puede ser de gran ayuda para alinearte con la persona que tu alma eligió para estar en esta vida.

La pregunta más frecuente es cuánto tiempo es preciso hacer las activaciones antes de comenzar a recibir mensajes. La respuesta corta es que *siempre* hay mensajes fluyendo a través de tu Línea. Si crees que no los estás recibiendo, tal vez se deba a que no estás prestando atención a tu energía y, por lo tanto, no te das cuenta de que estás recibiendo mensajes; ni siquiera adviertes que tu conducta se ajusta a ellos. No tienes que aprender a recibir mensajes; lo que necesitas es aprender a reconocer los mensajes que ya están llegando a ti.

¿QUÉ ES UN MENSAJE?

Un mensaje es un consejo de tu Ser Superior, una transmisión energética únicamente dirigida a ti y entregada con amor divino en el momento exacto en que la necesitas. Esta guía o apoyo será diferente de una persona a otra, ya que cada uno de nosotros estamos en un viaje exclusivo para nuestra alma. Además, tus mensajes cambiarán dependiendo del punto del viaje en que te encuentres o del tipo de día en que los recibas. Lo único que no cambia es la energía de un mensaje. Esta energía es amor divino, la vibración de tu Ser Superior y la misma energía que fluye a través de tu Línea. Esta es también la misma energía que procede de los registros akáshicos. Estás en conexión constante con esta energía, y con cada decisión que tomas estás respondiendo, o no, a esta energía (tus mensajes). Tus mensajes no llegan a ti con una notificación previa anunciando que estás a punto de recibirlos —*mensaje entrante*—, y por esta razón es muy importante saber qué sensación te provoca la energía de un mensaje.

Por lo general, hay dos aspectos diferentes de un mensaje: la comunicación que recibes y la sensación energética que experimentas. La comunicación específica que recibes es el «contenido» de tu mensaje, lo que significa para ti y para tu vida, y puede referirse prácticamente a cualquier cosa. Puedes recibir orientación para producir un cambio en tu vida, darte prioridad, transitar una situación difícil o diluir un momento de tensión. La información puede referirse a alguien con quien debes conectarte o volver a conectarte, la razón de una experiencia difícil en tu vida, la confirmación de que estás donde debes estar o cualquier otra cosa que arroje luz sobre quién eres en el plano del alma y te ayude a actuar alineado con tu ser. Tus mensajes son claros, a menudo muy simples y practicables. Incluso un mensaje como «quédate quieto» requiere que hagas algo: concretamente, que bajes el ritmo, que percibas, que observes, que tomes conciencia y, tal como indica el mensaje, que practiques la quietud.

Tus mensajes están diseñados para acercarte a tu propio ser y que seas capaz de moverte con confianza, paz, seguridad y reverencia a lo largo del camino alineado de tu alma. El mensaje puede consistir en susurros suaves y sutiles, y ofrecerte seguridad y respaldo en general. O pueden ser mensajes muy específicos, como por ejemplo: «Envía un mensaje a esta persona», «Entra en esta tienda» o «Comparte esta información». Pueden relacionarse con cualquier aspecto de tu vida, como una idea para un nuevo proyecto creativo o un recordatorio para que te ocupes de hacer algo a lo que no estás dedicando energía; o pueden aclararte por qué estás cansado, te encuentras mal físicamente o sientes ansiedad. Podría hacer una lista tan larga como este libro, y aun así no incluiría todos los mensajes que podrías estar recibiendo o qué es lo que te están comunicando en este mismo momento; eso solo lo sabes tú. Por esta razón, te animo a completar los ejercicios que incluyo en el libro con el fin de experimentar personalmente qué tipo de mensajes estás recibiendo.

Es probable que en algunas ocasiones no entiendas inmediatamente de qué forma un mensaje se relaciona contigo, con tu alma o con tu vida. Tal vez te lleve algunas horas, días, semanas o incluso meses establecer las conexiones y reunir todas las piezas, como si se tratara de un gran rompecabezas. Esto se debe a que recibes los mensajes por pasos o como si fueran las pequeñas piezas de ese rompecabezas. Los mensajes surgen de todo lo que tu alma ha experimentado, y está experimentando, en otro plano de existencia; por eso tu cuerpo físico puede tardar un tiempo en procesar esta información y aplicarla a tu vida. El Pináculo me ha enseñado que siempre recibimos exactamente lo que necesitamos saber en el momento preciso en que necesitamos saberlo; no recibimos ninguna otra información. Es muy habitual que los miembros de nuestra comunidad tengan un momento «¡Ajá!» en relación con un mensaje (qué significa y por qué lo ha recibido) solamente después de haber vivido la experiencia específica a la cual se refería el mensaje recibido o al establecer una conexión entre ese mensaje y algún suceso acaecido en el pasado; en otras palabras, al colocar todas las piezas del rompecabezas en su sitio.

Tus mensajes están llenos de sabiduría; sin embargo, debes hacer el trabajo necesario para comprender cómo se relacionan con tu vida en el momento en que los recibes. Esto requiere introspección, conciencia y el conocimiento de que todo está conectado con todo. Tu pasado está conectado con tu presente, tu presente está conectado con tu futuro, tu futuro está conectado con tu pasado. Este es un momento realmente maravilloso de autorrealización o, como mí me gusta llamarlo, la realización del alma-ser porque ayuda a que veas tu propósito divino allí donde antes podrías haber visto una coincidencia.

¿CÓMO ES LA SENSACIÓN DE RECIBIR UN MENSAJE?

Me gusta describir la sensación de recibir un mensaje como un conocimiento interior. Es un momento de reconexión con tu alma-ser, que ilumina todo lo que siempre ha estado allí, un recordatorio de algo que ya sabías pero que no habías comprendido hasta ese momento. Algunas veces los mensajes son como algo que retorna a tu conciencia de una forma que no puedes expresar inmediatamente con palabras. En otras ocasiones, llegan como una sorpresa total. En todo caso, un mensaje es una sensación de confirmación de quién eres tú en el plano del alma, es la conexión que tienes contigo mismo y la claridad para saber cuál es el próximo paso que debes dar.

También puedes sentir la energía de tus mensajes en tu cuerpo de diversas maneras, como por ejemplo sentirte ligero, rejuvenecido o emocionado. Puedes sentir los mensajes en tu corazón, llenándote de amor; en tu abdomen, como un instinto visceral, o como cualquier otro cambio notorio en tu estado anímico o en tus emociones. Y a pesar de que los mensajes se entregan con amor, algunas veces pueden ser dolorosos —como por ejemplo una jaqueca o tensión en la mandíbula—, y esto indica una sanación energética y emocional que es necesaria para crear espacio en tu cuerpo energético.

La sensación de recibir un mensaje incluye también la forma en que los mensajes llegan a ti. Puedes recibir un mensaje de muchas maneras diferentes. Puedes escucharlo, verlo, sentir las emociones que despierta o tener un recuerdo de esta vida o de una vida pasada. Puede ser un mensaje enérgico, como un consejo específico que toma la forma de un pensamiento en tu mente, o un mensaje sutil, como ver un número que te confirma algo en lo que has estado pensando. ¿Has advertido alguna vez que el reloj marca la 1:11 o has comprado algo que te costó 4,4 dólares? Tal vez te despiertes a menudo a las 3:33 de la madrugada o, quizás, mientras conduces veas constantemente delante de ti vehículos con una matrícula que contiene números dobles o triples, como por ejemplo 111 o 555. Estos patrones numéricos son comúnmente denominados «números ángeles», y se cree que cada patrón numérico significa algo específico. No obstante, el mensaje no lo producen únicamente los números, sino también lo que has pensado en el momento que los has visto y lo que ha sucedido después. La próxima vez que veas un patrón numérico, presta atención a tus emociones y pensamientos. ¿En qué estabas pensando y cómo te sentías en el momento en que viste los números? Y luego presta atención a cómo te sientes después de haberlos visto. Tu Ser Superior te está mostrando estos números para ayudar a tu cerebro a la hora de traducir un mensaje que llega a ti en ese instante. Los números te ayudan a «ver» el mensaje, destacando su importancia para que puedas establecer conexiones y saber de qué manera se aplica a tu vida.

Además puedes recibir el mismo tipo de «señales» o «signos» de tu Ser Superior a través de las letras de las canciones e incluso de las palabras que te dicen otras personas. Estos signos también pueden destacar, confirmar o atraer tu atención a los mensajes que estás recibiendo a través de tu Línea. Hay infinitas formas de recibir los mensajes, de manera que es importante estar atento. Recuerda: todo está energéticamente conectado. Nada es accidental; nada es una coincidencia. Estás en comunicación constante con tu Ser Superior y con tu equipo cósmico.

Cuando las personas están empezando a utilizar su Línea, suelen decir que no reciben mensajes porque no son intuitivas, no tienen poderes psíquicos ni están dotadas espiritualmente. La verdad es que no necesitas ser una persona intuitiva, tener poderes psíquicos ni tampoco practicar ninguna modalidad espiritual para recibir tus mensajes. Solo necesitas conocer tu energía y estar receptivo a las diversas maneras en que los mensajes pueden llegar a ti. Has nacido para hacerlo. Tu Línea, tu mente, tu Ser Superior (además de su equipo cósmico) están entrelazados en tu interior por una razón. Debes estar receptivo para percibir todo lo que pueda llegar a ti y confiar en que aprenderás a identificar el momento en que recibes un mensaje.

La forma en que recibes un mensaje depende de la energía que tienes en ese momento, y dado que la energía está siempre en movimiento, la forma de recibirlo también lo está. No te distraigas ni te agobies pensando en cómo recibirás los mensajes; tómate el tiempo que necesites para comprender naturalmente el proceso permaneciendo en activación y familiarizándote con esta energía.

Otra razón por la que las personas no se consideran capaces de recibir sus mensajes es que están prestando atención a su ego y no a los mensajes. El Pináculo ha afirmado que el ego es la energía humana primitiva y que hace todo lo que está a su alcance para protegerte, lo que a veces puede traducirse en impedir que tengas experiencias nuevas y desconocidas; en otras palabras, que crezcas. Esto significa que tu ego desea que conserves los patrones familiares, incluso aunque no te permitan alinearte con tu Ser Superior. Y esto lo logrará diciéndote que estás inventándote tus mensajes, que no puedes hacer algo diferente porque no estás preparado para hacerlo o que no mereces la guía que estás recibiendo. Nada de esto es verdad. Tus mensajes son enviados únicamente a ti y entregados en un momento divino, en el momento exacto en que necesitas recibirlos y cuando estás preparado para actuar de acuerdo con ellos.

Las personas también suelen ignorar o menospreciar sus mensajes al considerarlos meras coincidencias en un Universo aleatorio y caótico. No obstante, cuando confías en que siempre recibes tu mensaje en el preciso momento en que lo necesitas y que eres una parte activa del Universo —que no solamente procedes de las estrellas, sino que estás hecho de polvo de estrellas—, puedes ver que nada es una coincidencia. Cada mensaje es una energía divina, cada momento de azar o coincidencia es intencional y cada conexión que estableces te acerca un poco más a tu alma. Nada es accidental; todo tiene un sentido, todo está conectado.

¿ES UN MENSAJE O ES TU MENTE?

Cuando comienzas a prestar atención a los mensajes es probable que te preguntes, como muchas personas de nuestra comunidad, cuál es la diferencia entre la actividad mental y los mensajes que llegan a ti a través de tu Línea. Normalmente me hacen este tipo de preguntas: «¿Cómo sé que he recibido un mensaje y que no se trata de mi mente inventando algo?». Comprendo la confusión, y también de dónde procede esta pregunta, porque es muy fácil dudar de nosotros mismos y cuestionar nuestra intuición. Por lo tanto, te diré cuatro simples palabras para ayudarte: confía en tu mente. Confía en tu mente si te sientes animado. Confía en tu mente si estás emocionado. Confía en tu mente porque ella está traduciendo el mensaje para ti.

Tus mensajes son tu intuición, un conocimiento interior. Pero, sobre todo, son transmisiones energéticas, y tu cerebro te ayuda a traducir esta energía para poder comprenderla. Los mensajes no vienen con un lenguaje. Tu cerebro utiliza tu lenguaje para que puedas recibirlos como una comunicación. Este proceso de traducción se produce tan increíblemente rápido que tú ni siquiera lo adviertes; sin embargo, tu cerebro está constantemente trabajando afanosamente con tu Ser Superior y tu equipo cósmico para que recibas esta guía que te brindará apoyo y amor divino. La mente subconsciente y la mente consciente están recibiendo mensajes en todo momento; siempre que te sientas motivado y apoyado ten en cuenta dichos mensajes y acéptalos. Tu cerebro es brillante y un jugador clave en este proceso. No descartes tus pensamientos o interpretaciones por no considerarlos brillantes o porque no te ponen la piel de gallina (o son un «golpe de verdad»). No todos los mensajes te resultarán energéticamente emocionantes. De hecho, la mayoría de ellos son increíblemente sutiles.

Tu mente está profundamente conectada con tu alma; sin embargo, también trabaja junto con tu ego, que es tu energía humana primitiva. Tu ego quiere mantenerte «a salvo» con patrones, pensamientos, reacciones y creencias que te resultan familiares. Y para conseguirlo pretende que todo lo que hagas, digas y pienses sea siempre lo mismo. Cuando recibes un mensaje tu mente hace dos traducciones. La primera traducción es tu mensaje. El mensaje se entregará de una forma energéticamente neutral pero con un lenguaje alentador, sin la energía del miedo, del juicio, ni la presión. Te ofrecerá una orientación sensata y afectiva, y tú sentirás que es «adecuada» para ti. Dicho esto, tus mensajes pueden forzarte a salir de tu zona de confort ofreciéndote una nueva perspectiva, reacción o comprensión. En segundo lugar, tu mente traducirá la energía de tu ego, y esta energía intentará impedir que actúes basándote en el mensaje que has recibido. Hará todo lo que esté a su alcance para que no creas en el mensaje recibido y para mantenerte dentro de tu zona de confort. Es importante ser capaz de apreciar la diferencia que existe entre las dos energías, porque tu mente trabaja tanto con tu alma como con tu ego. Tú quieres ser consciente de ambas energías, de manera que puedes aprender de qué forma tu ego intenta impedir tu alineación y qué es lo que puedes hacer para sentirte seguro y respaldado cuando estás respondiendo a tus mensajes. Me ocuparé más profundamente del ego en el siguiente capítulo.

....

EJERCICIO: RECIBIR TUS MENSAJES

Esto puede parecer contradictorio, pero la mejor estrategia para recibir tus mensajes es no pensar en ellos. Cuando recurres a tu energía para recibir los *mensajes reales* en vez de a una idea sobre los mensajes que crees que podrías estar recibiendo, resulta más fácil identificar lo que realmente está llegando a ti. Tú eres energía, y la energía está en constante movimiento y transformación. De manera que debes estar abierto(a) a cualquier mensaje que llegue a ti, cualquiera que sea la forma en que lo recibas. Este ejercicio te ayudará a concentrarte en tu energía para poder confiar en los mensajes que estás recibiendo en este mismo momento.

1. Repite el mantra

Siéntate frente a un espejo, mírate directamente a los ojos y di en voz alta: «Yo recibo mis mensajes». Mirar tus propios ojos es como mirar dentro de tu alma. Pronuncia estas palabras con la convicción de que estás recibiendo mensajes ahora mismo. Pronúncialas con amor. Repítelas hasta que empieces a sentir un profundo apoyo emocional dentro de tu corazón.

2. Activa tu Línea

Practica una Activación de la Línea tal como se describe en el capítulo dos y cuando termines de hacer las respiraciones y las repeticiones de los movimientos con los brazos, repite mentalmente el mantra anterior.

3. Permanece en activación

Mientras estás en activación, siente la energía de la Línea en tu cuerpo en conexión con los registros akáshicos, el espacio de donde proceden tus mensajes. Cuando te sientas preparado(a), formula la siguiente pregunta: «¿De qué forma puedo presentarme hoy como mi Ser Superior?».

4. Diario.

Puedes recibir un mensaje como algo que has oído, sentido o visualizado, o simplemente como algo que ya sabías en lo más profundo de tu ser. Puedes haber recibido una respuesta muy extensa o simplemente una sola palabra; o tal vez hayas percibido un cambio de energía. Esta experiencia a veces puede ser tan sutil como un suave susurro, o un conocimiento interior que dura una fracción de segundo, y tu ego puede descartarlo rápidamente como si fuera algo que te has inventado o como un pensamiento aleatorio. Tus mensajes pueden parecer un diálogo interno, una manifestación de tu propia mente. Confía en que has recibido todo lo que necesitabas en ese preciso momento, incluso si lo que ha llegado a ti no parecía tener sentido. Utiliza las siguientes indicaciones, que te ayudarán a comprender lo que has recibido y a confiar en ello.

¿Qué mensaje has recibido?

¿Cómo se ha manifestado este mensaje? Describe la experiencia.

Opcional: Si sientes que no has recibido nada, si dudas de lo que has recibido porque te ha parecido demasiado breve o insignificante, o si ni siquiera has notado ningún cambio en tu energía, las siguientes indicaciones te ayudarán a ser más consciente de tu energía y tus mensajes.

> Mientras reflexionas, sé amable, expresa el amor que sientes por ti y escribe sin juzgar.
> Mientras permanecías en activación, ¿has sentido algún cambio en tus emociones o en tu energía?
> ¿Te has permitido rendirte a la energía o estabas atemorizado(a) o dubitativo(a), y eso no te permitió entregarte y confiar?
> ¿Qué pensamientos acudieron a tu mente mientras permanecías en activación?

TUS EMOCIONES SON TU EXPRESIÓN ENERGÉTICA

Los mensajes son energía, y cuando los recibes puedes sentir la energía que traen consigo. Es la misma energía con la que te alineas cuando haces una Activación de la Línea: la energía del espacio de tus registros akáshicos, tu alma y tu Ser Superior. Te animo a que desarrolles la práctica de la Activación de la Línea para que puedas pasar más tiempo en esta frecuencia y reconocer qué es lo que sientes. Cuando seas capaz de notar la diferencia entre cómo sientes esa energía en comparación con cómo sientes tu energía en cualquier otro momento, te resultará más fácil identificar tus mensajes.

Experimentamos la energía en nuestro cuerpo físico en forma de emociones, y cada emoción que experimentas tiene una frecuencia energética. Por ejemplo, si sientes miedo en tu cuerpo físico, la frecuencia de tu cuerpo energético cambia para adecuarse a la expresión energética de esta emoción. Tus emociones revelan cómo te sientes realmente en relación con una decisión que estás tomando, una situación que estás viviendo o un dilema que tienes con tu familia o amigos.

Pero las emociones te dicen mucho más que eso. Tus emociones son la clave para entender la energía que tienes, y esta energía puede ser la razón de que estés luchando por confiar en los mensajes que recibes (por ejemplo, el miedo te dificulta confiar en tu guía divina) o el motivo por el cual no te sientes alineado con tu verdadero ser. Esto se debe a que la energía de tus emociones puede eliminar tu alineación con la energía de tu Línea. Tu alma se ha encarnado en esta vida para evolucionar experimentando la amplia variedad de las emociones humanas. Puedes sentir tus emociones, y seguramente llegarás a hacerlo, porque no es necesario que te dominen. Tal como ha afirmado el

Pináculo: «Observa tus emociones pero no te apegues a ellas. No son tuyas; no las uses». Tu Línea puede ayudarte a observar las emociones que estás experimentando en tu cuerpo físico, para luego dejarlas ir con el fin de alinear tu frecuencia con la energía de tu Línea y recibir la guía de tu Ser Superior para tener la capacidad de transitar cualquier situación con perspectiva y claridad mental.

Reconocer tus emociones es el primer paso para liberarlas y regular tu frecuencia. Esto puede querer decir romper patrones subconscientes o hábitos arraigados que utilizas sin darte cuenta para no llegar a conocerte. Hay una cosa de la que debemos ser totalmente conscientes, y es que nuestros dispositivos (móviles, iPads, tabletas, etc.) pueden impedirnos conocer nuestras emociones y nuestra energía. A pesar de todas las ventajas que nos brinda la tecnología, a menudo la utilizamos para evadirnos de nosotros mismos y de nuestra situación actual. Cuando estás estresado, agobiado o disgustado por algún motivo, ¿te tomas el tiempo de procesar lo que estás sintiendo o recurres a las redes sociales para desconectar de lo que está ocurriendo en tu vida, sea lo que sea, y conectar con la vida de otras personas?

En tu día a día, ¿prestas atención a las emociones que experimentas? ¿Cómo te sientes en relación con las cosas que dices, las personas con quienes compartes tu tiempo y las actividades que realizas? ¿Eres consciente cuando se produce un cambio en tu estado anímico? ¿Sabes qué es lo que ha producido ese cambio? Es fácil reconocer tus emociones cuando sientes una rabia intensa o una gran felicidad, pero ¿qué pasa con esos cambios emocionales sutiles que experimentas a lo largo del día? Cada uno de tus pensamientos tiene una emoción adherida a él. Piensa en la cantidad de pensamientos que puedes tener en un día, y comprenderás fácilmente cuántas diferentes emociones experimentas con regularidad.

Una vez que reconoces tus emociones, el paso siguiente es buscar la fuente de esa energía. A veces el origen de nuestras emociones parece estar oculto, pero eso suele suceder porque en vez de mirar profundamente dentro de nosotros mismos, elegimos consciente o subconscientemente alimentar la energía que nos está haciendo sentir de ese modo. Cuando estás enfadado, ¿intentas comprender el motivo o por el contrario buscas razones que refuercen ese estado emocional? Es probable que lo hagas sin darte cuenta, como cuando accedes a un contenido negativo en la Red y te demoras en la sección de comentarios donde también encuentras insultos o cuando aceptas tus emociones sin procesarlas ni intentar comprenderlas. A veces parece más fácil (e incluso justificable) fomentar de diferentes formas tus emociones desagradables, en vez de confrontarte con las razones que las producen.

También puedes sentir la energía como sensaciones físicas corporales. Tu cuerpo físico y tu cuerpo energético trabajan juntos. En ocasiones necesitas que tu cuerpo físico se exprese a través de una sensación para tomar consciencia de la energía que tienes en ese momento y de los mensajes que están llegando a ti. Las sensaciones corporales más comunes son jaquecas, dolores musculares leves y molestias en la mandíbula. Pero el dolor no es la única sensación reveladora. También puedes sentir calor en el pecho o experimentar que la tensión se libera y que entras en un estado de calma, como si la energía pesada se hubiera derretido literalmente en tu cuerpo después de completar una Activación de la Línea o de hacer una importante conexión entre tus emociones y un mensaje que has recibido. Tus emociones y tus sensaciones físicas son una reacción a la energía que fluye a través de ti, y esta energía está intentando decirte algo. También es un mensaje. Nada de lo que sientes es una coincidencia.

Has nacido con una conexión innata con tus mensajes, y las activaciones de tu Línea te ayudarán a recordarlo. A medida que tu práctica evolucione estarás cada vez más familiarizado con la forma en que sientes esta energía. Esto te facilitará distinguir tus mensajes de cualquier otra cosa que suceda en tu vida cotidiana. Finalmente, en cuanto diriges tu conciencia hacia esta energía con la intención de recibir la guía de tu Ser Superior, puedes incluso empezar a notar que recibes mensajes. Cuanta más atención prestes a tus emociones y a tus sensaciones corporales, más capaz serás de establecer conexiones entre lo que estás experimentando y lo que eso significa para ti y para la situación en la que estás inmerso. Confía en tus sensaciones, confía en tu energía y confía en lo que crees que significa. Confiar es la única forma de llegar a conocerte de verdad.

A lo largo de este libro seguiré animándote para que te quieras lo suficiente como para conocerte e identificar tus emociones, tu energía y tu alma. Sigo sujetando tu mano y en los próximos capítulos seguiré caminando contigo para avanzar juntos por el suave proceso que te permitirá conocer tu ser energético. Antes de pasar al siguiente ejercicio, deseo que digas en voz alta: «Me quiero lo suficiente como para conocerme a mí mismo(a)». Intenta sentir estas palabras mientras las pronuncias, o incluso mejor, mírate en el espejo sin perder el contacto visual contigo mismo mientras las dices en voz alta. Si sientes que necesitas más apoyo para reconocer cómo te estás sintiendo en este momento, te recomiendo que hagas el siguiente ejercicio.

EJERCICIO: LLEGAR A CONOCER TU SER ENERGÉTICO

Hay muchas personas en nuestra comunidad que, por lo general, no se toman un tiempo para comprender cómo se sienten. Si este es tu caso, ámate por haber llegado hasta este punto –tus mensajes te han traído hasta aquí, más allá de que tuvieras o no conciencia de ello– y por asumir el compromiso de conocerte mejor que nunca. Este ejercicio te servirá de ayuda para tomar conciencia de cómo experimentas la energía en tu cuerpo físico. Considéralo como un registro energético que te preparará para los siguientes capítulos.

1. Conéctate con tu corazón

Encuentra una posición cómoda –puedes sentarte en una silla o tumbarte sobre la cama– y relaja cualquier tensión que sientas en tu cuerpo. Coloca las manos sobre tu corazón, cierra los ojos y respira profundamente unas cuantas veces. Observa como el aire se mueve a través de tu cuerpo. Siente los latidos de tu corazón bajo tus manos. Deja caer todo el peso de tu cuerpo sobre la silla o la cama, y relaja la mandíbula, la frente y los hombros.

2. Diario

Utiliza los siguientes apuntes en tu diario para analizar la relación que hay entre tu energía, tu cuerpo y la situación actual de tu vida: describe una experiencia reciente que haya tenido un gran impacto en cómo te sientes emocional y energéticamente en este momento. ¿Y qué es lo que has sentido en esta experiencia? Describe todo lo que has experimentado, como puede ser cansancio, vitalidad, dolores, fortaleza, ansiedad, entumecimiento, entusiasmo o miedo.

3. Activa tu Línea

Termina este ejercicio haciendo una Activación de la Línea con la intención de recibir mensajes relacionados con los cambios que puedes hacer en tu situación actual para mejorar el estado de tu cuerpo. Si todavía sientes miedo, ¿qué puedes hacer para liberarte de esa energía? Si la experiencia que has apuntado en tu diario te emociona o entusiasma, ¿qué puedes hacer para tener esa sensación con más frecuencia? Permanece en activación todo el tiempo que precises, confiando en que todas las respuestas que necesitas están disponibles para ti a través de tu Línea. Cuando te sientas preparado(a), pregunta a tu Ser Superior: «¿Qué es lo que puedo hacer ahora mismo para cambiar mi energía?». Escribe tu mensaje en tu diario y haz caso de los consejos que has recibido.

....

CAPÍTULO 4

CÓMO ACTUAR DE ACUERDO CON LOS MENSAJES

Las experiencias más hermosas y poderosas que tendrás en tu vida requieren que tú hagas algo. Como ves, debes hacer algo. Eliges estar en este cuerpo físico para hacer algo.

-EL PINÁCULO

El regalo más importante que puedes hacerte a ti mismo es dedicarte a conocer tu propia persona y la forma en que tu alma quiere crecer y evolucionar en esta etapa de su viaje. Tus mensajes son tu apoyo en el descubrimiento de tu ser y de tu alma. Puedes utilizar tu Línea para comprender por qué motivo tu alma ha elegido esta vida en este momento y descubrir los propósitos y dones con los que has llegado a esta vida y las lecciones que tu alma está preparada para aprender. Esto no garantiza que tu vida estará exenta de momentos difíciles, pero te ofrece herramientas para transitar cualquier experiencia con comprensión, amor y perspectiva, lo que te ayuda a crecer como persona y representa un apoyo para la evolución de tu alma.

Tus mensajes son oportunidades para aprender más acerca de lo que tu alma desea en esta vida. Es el trabajo al que tu alma se había suscrito antes de esta experiencia física, pero es sencillamente eso, *tu* trabajo. Eres libre para elegir cuál de todos los mensajes te ocuparás de poner en práctica en primer lugar y cuándo lo harás con los demás. Eres libre para decidir si estás preparado para actuar de acuerdo con un mensaje, si quieres hacer una Activación de la Línea para aprender más o si no harás caso de ninguno de ellos. Y, por supuesto, tú decides a cada instante y cada día cómo llevar tu energía, cómo reaccionar ante tus emociones y cómo tratarte a ti mismo y a los demás. En cada momento hay posibilidades de elegir, y tú estás recibiendo orientación sobre cómo avanzar en alineación con tu Ser Superior. Te animo a reconocer los mensajes en cuanto adviertas que han llegado (incluso aunque no actúes de acuerdo con ellos) y que te digas a ti mismo: «Esto ha sido un mensaje». De este modo, podrás confiar en que estás recibiendo mensajes, descubrir qué es lo que sientes al recibirlos y reconocer todas las formas diferentes en que pueden manifestarse.

Tus mensajes proceden de un espacio de amor incondicional, divino y eterno, y por esta razón no dejarás de recibirlos, incluso aunque nunca actúes en concordancia. Ni Dios ni el Universo te castigarán energéticamente si los ignoras, e independientemente de lo que pase, nunca tendrás que demostrar que vales para recibirlos. Tus mensajes siempre estarán recorriendo tu Línea y guiándote para que vuelvas a tu ser y a tu alma. No obstante, si los ignoras sentirás física y energéticamente que no estás alineado. Amarte y confiar en ti lo suficiente como para dejarte guiar por tu alma es una práctica sagrada. Con mucha frecuencia, resulta más fácil seguir haciendo las cosas de la manera que siempre las has hecho. Pero tus mensajes te muestran otro camino, una versión más alineada de ti mismo. «Vuelve a casa, retorna a ti mismo —dijo el Pináculo—. Este es el único camino. Nadie puede decirte qué es lo que debes hacer, nadie puede decirte a dónde debes ir, nadie puede decirte qué es lo que hay dentro de ti que debes mostrar a los demás. Esto está en tus sueños, esto está dentro de tu corazón, esto está dentro de tu energía: ha llegado el momento de ponerse en marcha».

Estás recibiendo mensajes para respaldar tu crecimiento, y para crecer necesitas que te aparten de tu zona de confort. No siempre que recibas un mensaje sentirás que tienes todo lo que necesitas para dar el salto ni que estás preparado para actuar. Por este motivo, es importante que te quieras por cada pequeño paso que puedes dar, aunque eso signifique únicamente procesar la información que estás recibiendo. Son las pequeñas cosas —los cambios pequeños que introduces regularmente en tu vida, los ligeros ajustes en tus puntos de vista— las que te conducen hacia un crecimiento profundo.

ENTRA EN LA PERSONA QUE ERES

Hace muchos años, Ben descubrió que tenía un quiste en la garganta que estaba creciendo. Yo había aprendido del Pináculo que hay un origen energético para todas las enfermedades y dolencias, y que suele estar conectado con una vida que nuestra alma tiene en otro lugar. El motivo por el cual esta experiencia se manifiesta como un síntoma físico, una enfermedad o una dolencia en esta vida es aprender sobre ella, sanarla y liberarla. Compartí esta información con Ben, junto con lo que el Pináculo les había dicho a muchos de mis clientes que tenían síntomas físicos similares relacionados con la garganta: tenía que empezar a utilizar su voz para decir lo que pensaba.

En aquella época Ben estaba en un viaje de redescubrimiento de su propia persona y en el proceso de aceptar su alma-ser. Se sentía estancado y se daba cuenta de que había muchas cosas que se le habían quedado pequeñas, entre ellas su trabajo, sus creencias acerca del tipo de persona que podía ser y sus ideas sobre lo que podía conseguir en la vida. Dado que la energía siempre está en movimiento, es necesario sentir las emociones, expresarlas y manifestarlas (y no ignorarlas ni reprimirlas) para favorecer el fluir energético en el interior del cuerpo. Sentirse «estancado» puede dar lugar a un trauma emocional continuo y, a menos que se aborde, sane y despeje el problema, esta energía es sustraída del cuerpo y finalmente se manifiesta en forma de síntomas físicos. Un síntoma físico también se considera un mensaje; el cuerpo siempre trabaja junto con la Línea para comunicarnos lo que necesita. Por todo lo que he aprendido en los registros akáshicos, a través del Pináculo y de cientos de lecturas y experiencias con clientes, creía que si Ben expresaba sus opiniones e introducía cambios en su vida conforme a ellas, la energía estancada en su garganta se pondría en movimiento y el quiste desaparecería.

Mientras yo estaba iniciando una actividad de lecturas de registros akáshicos a clientes, Ben estaba intentando reflexionar sobre su propio viaje espiritual a lo largo de su vida. Creció en un hogar religioso y asistió regularmente a la iglesia hasta los veinte años; cuando estaba en la universidad empezó a percibir que su parte racional e intelectual no era compatible con sus creencias espirituales. Sentía que no podía ser al mismo tiempo inteligente y espiritual, de manera que tomó una decisión y abandonó la iglesia. La información que yo estaba canalizando en los registros le ofreció una nueva perspectiva para comprender su camino espiritual. Ben recibía mensajes que lo animaban a aceptar su espiritualidad, pero también se sentía atrapado en su antigua forma de pensar. A lo largo del siguiente año, comenzó lentamente a trabajar con esta crisis de identidad que estaba viviendo y a cambiar sus creencias arraigadas y restrictivas acerca del tipo de persona que podía ser.

A medida que mi negocio crecía y yo aprendía más del Pináculo, él pudo ayudarme a entender todo lo que yo estaba recibiendo, para que lo comunicara a todas las personas de mi comunidad, que eran cada vez más. Así fue como comenzó a usar su voz, y se dio cuenta de que cuando lo hacía se sentía energéticamente diferente. También lo ayudó a aprender más sobre su alma-ser, y descubrió que tenía el don de traducir y comunicar información compleja. Aproximadamente un año después de haber detectado su quiste, Ben dejó su trabajo de jornada completa para fundar nuestra empresa A Line Within ('Una línea interior'). Durante muchos meses había estado recibiendo mensajes que le indicaban que dejara su trabajo y se sumara a mi actividad, pero él se mostraba reacio por varias razones. No sabía si seríamos capaces de ganar suficiente dinero como para pagar nuestras facturas. Si permanecía en su trabajo, en el que se sentía cómodo pero donde no estaba aprovechando el potencial que su Ser Superior le había estado mostrando, al menos tendríamos garantizada una paga cada dos semanas. Tampoco sabía cómo sería trabajar en casa, considerando que nuestra hija y yo siempre estábamos allí. Y por encima de todo, nunca antes había iniciado un negocio —tampoco yo— y no estaba demasiado seguro de saber cómo hacerlo. De manera que abandonar su trabajo y fundar una empresa conmigo era para él un salto considerable y un enorme ejercicio de confianza en los mensajes que estaba recibiendo y que le indicaban que renunciara a su empleo y comenzara esta empresa conmigo.

Como cofundador de la empresa, Ben tiene muchas funciones, pero en aquel momento todas ellas estaban entre bastidores. Sentía que ayudarme a crear los contenidos, pero sin estar presente junto a mí a la hora de compartirlos era suficiente para utilizar su voz y compartir sus dones. Sin embargo, siguió recibiendo mensajes que lo animaban a que se dejara ver más en la empresa. Compartir esta parte de sí mismo con miles de personas lo alejó mucho de su zona de confort. Le hizo sentirse expuesto, vulnerable e incómodo. Sentía miedo de lo que los demás podrían decir, especialmente a quienes conocía personalmente.

En aquella época habíamos comprado una casa fuera de la ciudad y pasábamos la mayor parte del verano podando las viñas que había en la propiedad. En los registros akáshicos aprendí que la casa está ubicada en un terreno sagrado que promueve la creación y que el hecho de limpiar la tierra fomentaba una limpieza energética en nosotros mismos. Por este motivo, Ben solía recibir sus mensajes cuando estaba trabajando en el jardín o desbrozando arbustos. La tierra, su Activación de la Tierra, le estaba diciendo: «Tú sabes cómo expresar lo que piensas. Debes hacerlo en la empresa; participa en el *podcast*, involúcrate más. Ahora es el momento». Para entonces, había empezado a leer sus propios registros y los utilizaba para aprender los orígenes energéticos de sus miedos y conocer de qué forma la energía de su quiste estaba conectada con una de las otras vidas de su alma. Descubrió que su miedo a mostrarse públicamente tal cual era estaba conectado con una vida que su alma había experimentado en el siglo XVIII en Japón. En esa vida, mostrar quién era y expresar sus opiniones lo había colocado en una situación de peligro, de manera que tuvo que esconderse para estar a salvo. La energía de esa experiencia había entrado en su vida para ser sanada y liberada.

Después de hacer esta conexión, comenzó a aparecer en nuestro *podcast* y en las redes sociales de forma ocasional e hicimos muchos cambios en la dinámica de nuestro trabajo para que pudiera participar más públicamente; entre ellos, escribir juntos este libro. En algún momento de aquella época, el quiste de su garganta desapareció, únicamente por haber tenido en cuenta el mensaje de utilizar su voz. Había conseguido identificar el origen energético de su síntoma antes de desarrollar un problema de salud más grave. Y por si esto fuera poco, experimentó un crecimiento personal enorme en su viaje espiritual y fue capaz de aceptar sus dones y a sí mismo de una forma completamente nueva.

Todos los mensajes que Ben recibía llegaban con una sincronización divina, y aunque su alma estaba preparada para actuar de acuerdo con ellos de forma inmediata, le llevó un poco de tiempo hacerlo. Las razones por las cuales no ponía enseguida en práctica lo que le dictaban sus mensajes son las tres razones más comunes por las que las personas de nuestra comunidad no lo hacen: escuchar a tu ego en vez de escuchar tus mensajes, querer saber todo lo que va a suceder antes de pasar a la acción y mirar fuera de ti para alimentar las dudas, las inseguridades o los miedos. En algún momento, una de estas razones puede explicar por qué no actúas de acuerdo con un mensaje. En las próximas secciones te enseñaré a trabajar con cada una de dichas razones para que puedas aprender a fluir con la puntualidad divina de tus mensajes.

ESCUCHA TUS MENSAJES, Y NO A TU EGO

Según el Pináculo: «El ego vive en el suelo. Desde allí ascienden los mensajes, y allí es donde el primer instinto es mantenerte a salvo y rechazar tu propio movimiento. Mantente a salvo, mantente a salvo, mantente a salvo. El alma quiere crecer; el ser humano quiere mantenerse a salvo. Una vez que superas eso y te liberas, comienzas a ascender hacia el corazón y luego hacia la libertad. Y cuando asciendes hacia la libertad, los mensajes siguen apareciendo y fluyendo en la coronilla, y el proceso comienza a ser continuo».

Tu alma quiere crecer. Está diseñada para crecer, y tus mensajes respaldan este cometido empujándote suavemente fuera de tu zona de confort, para que puedas vivir nuevas situaciones, tener nuevas experiencias y aprender más sobre ti a cada paso. No puedes aprender de la misma forma si todo permanece igual. Esto significa que tu ego pretende evitar que hagas cualquier cosa diferente, como romper viejos hábitos o creencias, experimentar situaciones que no te resultan familiares o confrontarte con nuevas emociones o perspectivas.

Cuando dejas que tu ego asuma el mando, te convence de que tus mensajes no son más que tu propia mente que está «hablándote», algo que estás inventando y que deberías ignorar. El tiempo que transcurre entre la llegada de un mensaje y la respuesta de tu ego es tan breve que en muchas ocasiones no se pueden distinguir. Pero puedes diferenciarlos recordando que tus mensajes son amables y te manifiestan apoyo y afecto. Tus mensajes son sinceros pero no son severos; no te juzgan ni tampoco juzgan a otras personas y no te hacen dudar de ti, de tus dones ni de tu propósito. Y el hecho de que tu ego se empeñe en mantenerte a salvo no significa que tus mensajes puedan ponerte en una situación de peligro. Te guían para que actúes de una manera diferente (pero no imprudente) y siempre te ofrecen un apoyo afectuoso que te mantiene físicamente a salvo, mientras te impulsan suavemente hacia el crecimiento de tu alma. En algunas ocasiones actuar conforme a los mensajes recibidos requiere no hacer absolutamente nada. Cuando escuchamos la palabra *acción* pensamos automáticamente en «hacer», pero la acción puede querer decir no hacer nada. Tal vez estás acostumbrado a «hacer» siempre algo, y por eso tus mensajes te dicen ahora que bajes el ritmo, que te quedes quieto, que observes y aprendas. Tu ego quiere que sigas «haciendo», pero tu alma desea quedarse quieta. En esta situación, pasar a la acción requiere quietud.

Actuar de acuerdo con tus mensajes significa confiar en que estás recibiendo ayuda divina para tu alma. Una forma sencilla de identificar si estás respondiendo a tu ego o a un mensaje es apuntar los mensajes que recibes. Algunas veces, volver a pensar en un determinado mensaje en otro momento del día es todo lo que necesitas para ver las cosas de una manera diferente y poder así dejar a tu ego a un lado y confiar en ti. También puedes permanecer en activación, sintiendo la energía de amor y apoyo de tu Línea; te ayudará a percibir los patrones en los que incurres, las formas conocidas en que haces las cosas o tu manera habitual de evaluar tus planes o metas.

....

EJERCICIO: ESCUCHA A TU LÍNEA Y NO A TU EGO

1. Juega a un juego de confianza

Ha llegado el momento de jugar a un pequeño juego que te permitirá experimentar la forma en que tu ego responde a tus mensajes. Voy a hacerte una pregunta. Después de leerla, apunta inmediatamente lo primero que venga a tu mente. Esa será tu respuesta.

¿Dónde se desarrollan las otras vidas de tu alma en la Tierra?

2. Diario

¿En qué lugares has pensado antes de que tu ego dudara o cuestionara tu mensaje? Esta es tu respuesta. Como es evidente, no tienes ningún modo de confirmar lo que es exterior a ti. Debes confiar en que la respuesta está dentro de ti.

Cuanto más profundamente te sumerjas en tu proceso de recibir mensajes, más cómodo(a) y seguro(a) te sentirás a la hora de vencer a tu ego y confiar en lo que recibes. Utiliza las siguientes indicaciones para reflexionar sobre cómo has experimentado tus mensajes, tu ego y tus emociones mientras juegas a este juego:

¿De qué forma llegó tu mensaje? ¿Has escuchado el nombre de un país o has «visto» algún lugar?

¿Qué sensaciones corporales has experimentado al recibir el mensaje (por ejemplo, escalofríos, nervios, entusiasmo, miedo, etc.)?

¿Cómo llegó tu ego a dudar de tu mensaje? ¿Qué es lo que te «dijo»? ¿Cómo respondiste a lo que te decía?

....

SIÉNTETE CÓMODO EN LA OSCURIDAD

Tus mensajes son invitaciones de tu Ser Superior para que hagas algo. La invitación te dice todo lo que necesitas saber en ese momento, pero ignoras qué es lo que sucederá a continuación. No sabes a dónde te llevarán tus mensajes; desconoces cómo te sentirás o qué cambios se producirán. Actuar de acuerdo con tus mensajes es aprender a sentirte a gusto, ignorando todo lo que tu ego pretende decirte sobre lo que necesitas saber antes de pasar a la acción.

Piensa en tus mensajes como peldaños en el camino de tu alma. Tu mirada únicamente puede llegar lo suficientemente lejos como para dar tu próximo paso, pero cada uno de ellos te permite avanzar un poco más a lo largo de un sendero oscuro. Eres como una semilla en la tierra: tu crecimiento comienza en la oscuridad. Tal como ha dicho el Pináculo: «No hay nada que temer de la oscuridad. La oscuridad es un lugar de conocimiento; cuando no hay ninguna distracción, la verdad está a tu disposición, se revela y se manifiesta ante ti. Siéntete a gusto en la oscuridad». Recorrer este sendero requiere que confíes en que recibirás todo lo que necesitas saber para seguir andando y que solamente recibirás aquello que puedes manejar. En cada etapa del camino, te llega el apoyo de tu Ser Superior y te guía la sabiduría de tus registros akáshicos que propicia tu crecimiento y tu evolución. Entrégate a cada momento, confiando en que estás recibiendo todo lo que necesitas saber.

Es bastante frecuente que nuestro fluir natural se bloquee porque dudamos de si la interpretación de los mensajes que recibimos es correcta o incorrecta, o nos decimos que antes de actuar necesitamos más confirmaciones de un guía, un amigo, otro mensaje, una carta oráculo, etc. Sin embargo, ya tienes todo lo que necesitas saber en este momento para actuar según lo que te dictan tus mensajes. Puedes utilizar otros recursos externos, como por ejemplo, cartas oráculo, para que te ayuden a comprender tus mensajes. En nuestra comunidad hay muchas personas que lo hacen, pero la carta oráculo no te ofrecerá la confirmación que esperas; tú ya estás recibiendo tu energía, y la carta no hace más que responder a ella. Los péndulos actúan de la misma manera: leen tu energía y confirman cualquier energía que tengas durante su movimiento oscilatorio. Los recursos externos pueden ayudarte a desarrollar tu confianza, la fe en ti y en lo que estás recibiendo, pero la decisión acerca de qué es lo que puedes creer, o sobre cómo debes interpretar tus mensajes, siempre te corresponde a ti. En tu viaje hay infinidad de caminos, y no hay caminos correctos o incorrectos cuando consideras que cualquier experiencia es una oportunidad para aprender más sobre ti, tus mensajes y tu alma.

También hay algunos miembros de la comunidad que dicen estar recibiendo muchos mensajes y no saber por dónde empezar o a cuál de ellos responder primero. Si estás atento a tus mensajes, puedes confiar en que cualquier decisión que tomes, o cualquier mensaje que decidas poner en práctica en primer lugar, será una decisión alineada con tu ser. No obstante, en esa alineación existen muchas posibilidades, ¡y este es el maravilloso regalo de la vida! En última instancia, ni siquiera tu Ser Superior puede tomar decisiones en tu nombre. Eres tú quien debe decidir y asumir la responsabilidad de dicha decisión.

CONCÉNTRATE EN TI MISMO

Cuando estás en la oscuridad, es muy tentador mirar a tu alrededor en busca de una orientación o respuestas. Si crees que al comparar tu situación con la de otra persona tendrás más claridad respecto a lo que deberías hacer, te estás engañando. También es tentador intentar utilizar las experiencias de los demás para arrojar luz a tu propia situación, pero esto puede provocar que pierdas rápidamente tu alineación y te apartes de tus mensajes. Creces en la oscuridad porque estás concentrado en ti mismo y en tus mensajes.

Los miembros de nuestra comunidad suelen preguntarme cómo es posible mantenerse centrado en sí mismo, cuando el hecho de actuar de acuerdo con los mensajes recibidos te convierte en alguien diferente a todos los que te rodean o cuando las personas que están en tu vida cuestionan la guía que estás recibiendo. Al comenzar a aceptar tus mensajes y actuar en consecuencia, puedes despojarte de viejos patrones y hábitos que todos los que te conocen creen que son tus verdaderas características. Puedes revelar partes de ti que siempre has mantenido ocultas o puedes hacer cosas que en opinión de los demás no son más que cambios impulsivos en tu vida. Cuando actúas según lo que te indican tus mensajes, cambias; ese es el objetivo de hacer este trabajo. Estos cambios no tienen que ser drásticos y pueden no producirse todos al mismo tiempo, pero si te has decidido a recibir la guía de tu Ser Superior, ya nunca serás el mismo. Eres un ser energético que ha venido a la vida para crecer. En algunas ocasiones tus cambios pueden causar confusión o preocupación en tus amigos o familiares, o dar lugar a conversaciones incómodas. Siente compasión y amor por ti mismo a lo largo del proceso, sé comprensivo con los demás teniendo en cuenta de dónde proceden y toma distancia de la situación que estás viviendo para percibir el gran impacto que tus mensajes tienen en tu existencia. Recuérdate una y otra vez que el cambio trae crecimiento, evolución, sanación y una mayor comprensión del viaje de tu alma en esta vida.

Tus mensajes te guiarán para que puedas liberarte de todo lo que hay en tu vida que no favorece tu crecimiento, y esto a menudo incluye cualquier cosa que hagas, digas o utilices que te insensibilice y te impida percibir esta hermosa experiencia física. A mí me encantaba tomar vino, y no fue hasta que me quedé embarazada cuando me percaté de hasta qué punto mi vida social se movía en torno al alcohol. Después de tener a nuestra hija ya no volví a beber alcohol y pude comprobar que ese pequeño cambio en mi vida personal repercutía en todo mi círculo social. Como madre primeriza, estaba recibiendo un montón de mensajes a través de mi Línea que me indicaban que no bebiera alcohol. Pero también recibía comentarios como por ejemplo: «¡Ahora que ha nacido el bebé ya puedes tomar vino otra vez!». Pensaba que podía seguir con la misma vida que tenía antes de ser madre, pero no fue así. Había cambiado, y muchos de mis viejos hábitos ya no estaban alineados conmigo.

Pasaron semanas, luego meses y después años, y yo seguía sin beber alcohol. Una tras otra, todas aquellas amistades con las que compartía el alcohol desaparecieron. Su compañía y sus conversaciones ya no estaban alineadas con el crecimiento espiritual que yo estaba experimentando ni con la dirección que estaba tomando mi vida. Y cuando hablo de todo esto siento una enorme gratitud por aquellas relaciones tan importantes, pero también por haber podido aceptar que ya han quedado atrás. Solía sentirme sola y también triste por haberme alejado de mis amigos, pero jamás me arrepentí de mi decisión de no volver a beber. Tenía que dejar que esos cambios siguieran produciéndose en mi camino espiritual, en el que finalmente descubrí los registros akáshicos y me conecté con mi propósito en esta vida.

Dejar el alcohol fue un mensaje importante que no comprendí plenamente en aquella época. No lo había recibido para entender por qué sentía que algunos de mis amigos y amigas ya no encajaban en mi vida ni para darme toda la energía que necesitaba para ocuparme de las obligaciones de la primera etapa de la maternidad. Cuando empecé a leer los registros akáshicos, una de las reglas fundamentales del Pináculo para acceder a ellos era tener la mente clara y sobria. Esto significaba no beber alcohol ni consumir sustancias que alteran la mente venticuatro horas antes de entrar en los registros. Yo ya no bebía alcohol cuando los descubrí en 2018 y, por lo tanto, pude introducirme directamente en la práctica, acceder diariamente a ellos (en algunas ocasiones varias veces al día) para aprender todo lo que estaba a mi alcance. Mi mente estaba despejada, y yo era capaz de canalizar y recibir mensajes con gran claridad. Advertirás que cuando estás pendiente de la llegada de tus mensajes, lo más probable es que no sepas a dónde te conducen o para qué te están preparando. Pero cuando miras atrás, puedes percibir que cada mensaje tiene un diseño divino y que cada decisión que has tomado, cada mensaje que has puesto en práctica o has ignorado, te ha ofrecido una oportunidad para un aprendizaje profundo y para tu crecimiento.

....

EJERCICIO: UN DÍA DE ACCIÓN

Has nacido con la capacidad para recibir mensajes, pero actuar en sintonía con ellos es algo que todavía debes aprender y desarrollar. Y como sucede con todas las habilidades, cuanto más practicas más aprendes. Para hacer este ejercicio tendrás que actuar de acuerdo con tus mensajes durante un día entero.

1. Elige un día

Mira tu agenda y elige un día no muy lejano en el que puedas poner en práctica tus mensajes a lo largo de toda la jornada. No seas exigente contigo mismo(a) y elige un día en que tengas pocos compromisos para poder disponer de más tiempo para ti.

2. Comienza tu día en activación

Cuando llegue el día elegido, comienza el ejercicio activando tu Línea. Mientras permaneces en activación, pídele apoyo a tu Ser Superior para estar receptivo(a) a tus mensajes; también pídele ayuda para superar tus dudas, con el fin de poder confiar en tu instinto al recibir un mensaje. Permanece en activación todo el tiempo que desees, pensando en el día que tienes por delante y tomando conciencia de todos los momentos en los que posiblemente te sientas tentado de dejarte llevar por una energía que te alejará de tu alineación y de tus mensajes.

Mientras te encuentras en activación, formula las siguientes preguntas a tu Ser Superior:

> ¿Qué hábito, patrón o rutina puedo cambiar hoy?
>
> Hoy quiero hacer algo novedoso; ¿qué puede ser?
>
> ¿Qué es lo que he estado postergando y hoy puedo hacer?
>
> ¿De qué manera puedo mostrarme que me quiero?
>
> ¿De qué manera hoy puedo confiar en mí?

3. Apunta tus mensajes

Después de cada pregunta, apunta los mensajes que has recibido antes de formular la siguiente. Tus mensajes pueden ser simples, como por ejemplo: «Pon una alarma para mañana por la mañana», o pueden relacionarse con un cambio que deseas introducir en tu vida. Cualquiera que sea el mensaje, no lo analices ni te detengas demasiado en él; simplemente apúntalo tal cual lo has recibido.

4. Pasa a la acción

De todos los mensajes que recibes, quiero que te concentres en actuar de acuerdo con tres de ellos. La sensación de haber tenido éxito puede ser increíblemente estimulante, de manera que elige los mensajes con los que te sientas más cómodo(a) a la hora de actuar según lo que te indican. Quiero que percibas cómo es recibir un mensaje y actuar en consecuencia, y que sepas que hacerlo regularmente te ayudará a superar las dudas, a aceptar que no necesitas saber por qué estás recibiendo ese mensaje ni a dónde te conducirá; también te ayudará a aprender cómo centrarte en ti mismo y no en los demás. Este ejercicio puede parecer simple; sin embargo, realizar diariamente esta práctica de actuar en sintonía con los mensajes que has recibido transformará tu vida.

5. Diario

Al final del día, responde a las siguientes notas de tu diario:

> Actuar de acuerdo con los mensajes me ha hecho sentir...
> Uno de los cambios que he percibido durante el día después de actuar según un mensaje ha sido...

> En el futuro, puedo actuar de acuerdo con mis mensajes...

Actuar conforme a lo que te dictan tus mensajes no significa que estarás moviendo montañas en tu vida cada día. Normalmente sucede lo contrario. Tus mensajes son como suaves susurros que te muestran los pequeños cambios que puedes hacer para que te resulte más fácil permanecer en alineación a lo largo del día. Estos cambios sutiles y regulares son los que producirán el mayor impacto en tu vida. El crecimiento es un proceso gradual; tus mensajes te guiarán a cada paso del camino.

....

CAPÍTULO 5

EL AMOR ES EL HILO QUE OS MANTIENE JUNTOS

¿Quieres brillar? ¿Quieres hacer brillar ese amor que hay dentro de ti? Puedes hacerlo fácilmente, porque está entretejido en tu interior. Todo lo que necesitas hacer es permitirte sentirlo, verlo, liberarlo, recibirlo. Ese arcoíris de amor está dentro de ti, está a tu alrededor; ofrécelo, ofrécelo, ofrécelo tan libre y fácilmente como la Madre Naturaleza te lo ofrece cada día.

—EL PINÁCULO

Estás hecho de amor. La energía que hay en el ámbito de los registros akáshicos, la energía de tus mensajes y la energía de tu Línea es el amor. Un amor que no juzga, un amor incondicional y divino. El Pináculo ha dicho que el amor es la única emoción que hay al otro lado de la experiencia humana. Es la razón por la que tus mensajes están impregnados de amor y el motivo por el que actuar en consonancia con un mensaje es exteriorizar el amor que sientes por ti. Lo más importante que podemos aprender en esta vida física, según el Pináculo, es cómo mostrarnos a nosotros mismos este amor incondicional. En cada una de las experiencias que vivas, en cada decisión que tomes y en cada emoción que sientas, el amor que recibes constantemente a través de tu Línea te dará la fuerza y el coraje necesarios para aceptarte, por lo que eres, por tu salud mental y emocional, por la apariencia de tu cuerpo físico y por las experiencias que tienes en esta etapa del viaje de tu alma.

El amor es algo que todos somos capaces de dar y recibir. Es algo que todos buscamos en la vida, sea de una pareja, de nuestros padres o de nuestros amigos. El amor que fluye por tu Línea es diferente del amor que conocemos en el espacio físico. Este es el amor de Dios, del Universo, de la Energía de la Fuente o del Creador. Este amor es divino. Fluye constantemente a través de ti, y nada de lo que hagas podrá detenerlo. Igual que sucede con tus mensajes, depende de ti que puedas recibirlo, comprender qué es lo que sientes y seguir la guía que recibes a través de tu Línea para expresártelo a ti mismo de inmediato.

Aunque este amor está siempre fluyendo a través de ti, necesitas tomar una decisión activa en cada momento para mostrarte ese amor. Ahora mismo estás recibiendo mensajes que te muestran cuáles son las formas simples pero efectivas de amarte. ¿Estás abierto para recibirlos?

Esto no siempre resulta sencillo. En algún momento de su vida, todas las personas han fracasado en el intento de amarse a sí mismas. E incluso si te quieres la mayor parte del tiempo, probablemente serás capaz de recordar una época en la que eso no te sucedía. Tu ego puede decirte que no mereces el amor o puede intentar convencerte de que no cambies todas esas cosas que sueles hacer y que no reflejan este amor. Puede decirte que eso no es real y que no cambiará lo que sientes.

Pero tu ego está equivocado. Este amor puede darte ánimos cuando te sientes desalentado. Puede levantarte cuando te has caído. Puede sostenerte cuando te sientes vacío. Este amor siempre estará ahí, para que tú lo recibas. Concédete permiso para aceptarlo.

Y como ha dicho el Pináculo: «Permítete sentirlo, percibirlo, liberarlo, recibirlo. Y cuando lo hayas conseguido, ofrécelo libremente». Ofrécete este amor con total libertad y ofrécelo a tu familia, tu pareja, tus hijos, tus amigos, tus compañeros de trabajo, tus vecinos y también los extraños. Eres capaz de dar ese amor cuando intentas comprender en vez de juzgar, cuando encuentras un terreno común en vez de trazar una línea divisoria, cuando entiendes los factores que desencadenan tus emociones antes de reaccionar, cuando aprendes a escuchar. Si utilizas tus mensajes para expresar este amor que sientes por ti, serás más capaz de tratar con amor, comprensión y compasión a quienes te rodean.

TU CUERPO NECESITA ESTE AMOR

Tu cuerpo físico necesita la energía de este amor. Si no lo recibe, posiblemente te sentirás apático, melancólico, depresivo, agotado, o experimentarás una sensación de vacío interior. Durante muchos periodos de su vida adulta, Ben sufrió graves episodios depresivos. A lo largo de su vida se produjeron algunos eventos que estimulaban ese tipo de energía de diferentes maneras, pero el hilo común entre ellas fue que en aquellos momentos no parecía saber cómo amarse sí mismo. Exteriormente, parecía muy saludable. Cuidaba mucho su apariencia física y su higiene personal. Hacía ejercicio y tenía muchas relaciones sociales. Sin embargo, en su interior había un vacío.

Con diversas combinaciones de fármacos antidepresivos, terapia, meditación, plegarias, y dedicándose a permanecer en activación, aprendió a aceptarse por todo lo que había contribuido a que fuera lo que es, incluyendo la energía depresiva que estaba sintiendo, porque esa energía lo estaba impulsando a aprender más acerca de sí mismo y a hacerse fuerte a partir de ese conocimiento; gracias a ella también aprendió a quererse.

En algunas ocasiones, necesitaba mostrar su verdadero ser a sus familiares y amigos. Otras veces, recibía mensajes con indicaciones para cambiar los hábitos que lo apartaban de su alineación, para iniciar un nuevo proyecto creativo o para volver a aprender a vivir con plena consciencia el momento presente. Sus mensajes siempre le ofrecían sugerencias para que pudiera reflejar el amor que fluía en su vida a través de él. Este amor no «curó» su depresión; fue un catalizador, el impulso que necesitaba para reponerse y aprender a manejar la energía que él estaba poniendo en movimiento.

Cuando activas tu Línea, te estás abriendo para recibir la energía restauradora que tu cuerpo físico anhela tener. Este amor puede ayudarte a que te sientas energéticamente alineado y a que seas consciente de los mensajes que te dicen cómo puedes recuperarte. Estás hecho de amor, y ese amor fluye a través de tu Línea cada segundo de cada día. Este amor te renovará, te nutrirá y te guiará.

El Pináculo me ha enseñado que el «amor es el hilo que te mantiene en una pieza. Incluso en esos momentos en los que sientes que estás desmoronándote, el amor te mantiene en pie. Es tu Línea, es tu amor, es tu fuerza vital».

Antes de que te guíe para avanzar en este viaje de retorno a ti mismo, quiero que aprendas a amar cada parte de tu persona: tu alma, tu esencia multidimensional; tu pasado, y cada una de las decisiones que has tomado que te han traído hasta aquí, y por supuesto, tu cuerpo físico, el recipiente sagrado y el hogar de tu energía.

....

EJERCICIO: ACTIVACIÓN DEL CORAZÓN

Ha llegado el momento de activar tu corazón. El Pináculo ha compartido conmigo que cuando se trata de que tu corazón se abra para sentir más amor por ti y por los demás, lo primero que debes hacer es pedirlo. Este ejercicio simple y profundo cambiará algo dentro de ti. Lo sentirás de inmediato o tal vez no. En este último caso, debes darte tiempo porque llegarás a sentirlo.

Al utilizar tu voz para pedir este amor, activas una nueva frecuencia amorosa dentro de ti. Acaso te sientas más vulnerable al pronunciarlo en voz alta en vez de limitarte a pensarlo, aunque estés a solas y no haya absolutamente nadie a tu alrededor. Si no tienes costumbre de hacer algo semejante, es posible que te sientas incómodo(a) o incluso expuesto(a). Te aseguro que muchas personas de nuestra comunidad han sentido lo mismo al hacer este ejercicio. Más tarde, esas mismas personas han manifestado que el ejercicio es extraordinariamente transformador.

Si pides más amor, lo recibirás. Al abrir tu corazón para recibir más amor, también estás mostrando tu disposición a ser más receptivo(a) para notar los contrastes y las lecciones que residen dentro de ti, las oportunidades de crecimiento y evolución para tu alma. Además, cuando aceptas todo tu ser, tu ser total, tu alma-ser, puedes aceptar a otras personas por lo que son y darles más espacio en tu vida. Pero lo más importante es que buscas la forma de ver la vida a través de una lente amorosa. Ves el mundo a través del amor.

Comienza por juntar las manos frente a tu cuerpo. Luego pronuncia las siguientes palabras en voz alta: «Activo este amor que hay dentro de mí. Recibo este amor. Quiero este amor. Brindadme este amor. Estoy preparado(a) para este amor».

Es importante que utilices tu voz al decir estas palabras. Tu voz es muy poderosa. Hay ondas sonoras en cada palabra que pronuncias, y la vibración de dichas palabras se puede recibir a gran distancia. Si no te sientes físicamente capaz de decirlas en voz alta, puedes recurrir a tu intención de invocar este amor que hay dentro de ti. Es importante destacar que no le estás pidiendo este amor a una fuente externa; este amor habita en ti. Al utilizar tu voz lo invitas a manifestarse y te abres para alinearte con su frecuencia.

....

AMA TU VIAJE

Todos tenemos algún aspecto de nosotros mismos que nos cuesta aceptar o que deseamos poder modificar. Es posible que en algún momento hayas pensado que si tuvieras la personalidad, los talentos o la educación de otra persona, serías más feliz o te resultaría más fácil alcanzar tus metas. A medida que te despojas de todas tus capas, recuerda que cada una de ellas es una parte de la esencia de tu alma. Sin ella, no serías tú. Estás hecho de polvo de estrellas, y cada partícula de ti es intencional, no hay accidentes.

No estás aquí para vivir la vida de otra persona. Cuando miras fuera de ti, no eres capaz de ver las diversas formas en las que puedes recibir el amor divino que fluye a través de ti como una medicina ilimitada. No eres capaz de ver los dones que te iluminan y hacen brillar tu belleza en el mundo. No eres capaz de aprender las cosas que tu alma ha traído a esta vida para sanarte y para que evoluciones a partir de ellas. Y no puedes ver a la persona que tu Ser Superior te está mostrando que eres.

Amarte comienza por aceptar quién eres. Esta vida es un capítulo único en el viaje de tu alma. Fue diseñada específicamente para ti. Sin embargo, puede ser difícil aceptar todo lo que te hace único: tus dones, tus traumas, tu crecimiento. Tus mensajes pueden darte razones para todas las experiencias que has tenido y para todas tus reacciones emocionales, pero para alcanzar una comprensión plena necesitas ver todas las situaciones que vives en el contexto de esta vida y del viaje de tu alma, sin compararla con la de ninguna otra persona. Cuando eres capaz de hacerlo, entonces aceptas quién eres y te expresas a ti mismo el amor que mereces.

Si te comparas con los demás o intentas vivir tu vida de acuerdo con criterios ajenos, solo conseguirás perder la alineación y, en consecuencia, te resultará más difícil recibir tus mensajes. Dudarás de tu guía. O, en lugar de descubrir de qué manera te están guiando para que reacciones, te preguntarás cómo actuaría otra persona en tu lugar. Desearás tener una vida diferente y no percibirás que tus mensajes te están conduciendo hacia una vida en la que te amarás sin reservas y mostrarás al mundo tu verdadero ser.

Cuando atraviesas momentos difíciles puede ser tentador pensar que las cosas son mucho más fáciles para los demás que para ti, que la vida te persigue o que Dios o el Universo te están castigando. He escuchado todos estos argumentos de los miembros de nuestra comunidad. Les respondo que cambiar su energía para alcanzar un estado más alineado es igual de fácil que alimentar esta energía de baja vibración. Sin embargo, debo decir que puede parecer una tarea difícil si no estás acostumbrado a hacerlo. Activar tu Línea es la manera más rápida de salir de la energía de la envidia, el resentimiento y los celos que las comparaciones alimentan.

Tú tienes el control de tu energía en todo momento. Solo son necesarios unos pocos minutos para volver a alinearte con tu Ser Superior, pero debes entrenarte para que esta sea tu nueva respuesta por defecto ante las situaciones de baja vibración. Al realizar una Activación de la Línea, no solamente sales del estado de baja vibración; también estás dispuesto a abrirte para aprender por qué te comparas con los demás y para recibir instrucciones prácticas para descartar este comportamiento. Una mujer, miembro de nuestra comunidad, compartió conmigo en una ocasión que su práctica diaria de Activación de la Línea la sumerge en un estado de quietud que le permite sentarse en soledad y «afrontar todas las situaciones incómodas o desagradables», porque en dicho estado desaparecen todas las distracciones derivadas de sus intentos de arreglar su mundo externo, y ella puede concentrarse en su mundo interior. El desarrollo orgánico que se produce al estar en quietud fomenta una mayor claridad, autorrealización, autoestima y amor. «Estás conectada con toda tu energía, que está hecha de amor. Es puro amor», me dijo.

Vivir una vida en la Línea no solamente facilitará que dejes de compararte con otras personas, un hábito que no es sano; también te ayudará a cambiar tu foco para volver a ponerlo en ti y en tu energía, con el fin de que puedas ver que eres capaz de controlar tu divina belleza. Te resultará más sencillo recordar lo que aprecias de tu propia persona, porque efectivamente *hay* cosas que te gustan de ti, aunque sean sutiles y pequeñas. A veces lo único que necesitas es que te las recuerden.

....

EJERCICIO: TU LISTA DE AMOR

Hacer una lista con todas las cosas que te gustan de ti es un ejercicio simple, pero íntimo, que te ayudará a percibir, recordar y profundizar el amor que sientes por ti. Durante este proceso, puedes toparte con descubrimientos que abrirán tu corazón, puedes sentir tristeza o frustración, puedes sentir gratitud o puedes no sentir nada en absoluto. Honra cualquier emoción que sientes, porque cada una de ellas te acerca más a tu amor.

1. Activa tu Línea

Comienza por hacer una Activación de la Línea. Imagina que la energía que fluye a través de ti es como el agua y que está limpiando suavemente cualquier resistencia que albergues en tu corazón que está poniéndote difícil aceptar tu propio amor.

2. Permanece en activación

Mientras estás en activación, sigue invitando a este amor para que se manifieste en tu conciencia. Concéntrate totalmente en ti y en tu amor. Si te asaltan pensamientos o emociones que te distraen, reconócelos y luego déjalos ir para volver a centrarte en el amor que sientes por ti. También puedes hacer algunas exhalaciones profundas si sientes que esto te ayudará a liberar cualquier energía estancada, como pueden ser los sentimientos de vergüenza, inutilidad o miedo.

Si necesitas ayuda para sentir este amor, recuerda que las palmas de tus manos están energéticamente conectadas con tu corazón. Junta las manos sobre tu corazón, o desplázalas hacia arriba y hacia fuera con las palmas abiertas, para dejar que el amor fluya a través de ti.

3. Diario

Cuando estés preparado(a), haz una lista de al menos cinco cosas que te gustan de ti. Pueden ser cosas pequeñas y simples o grandes cosas. Honra todo lo que llegue a ti desde tu Ser Superior; esta es tu guía divina.

Tus inseguridades pueden intentar ocultar todas las hermosas cualidades que realmente te gustan de ti, pero recuerda que ese es tu ego que se empeña en mantener tus viejos patrones y te impide explorar una nueva forma de amarte. Si esto es lo que te sucede, reconoce objetivamente el plan de tu ego y después despídelo diciéndole en voz alta «es hora de que te vayas», como si estuvieras pidiéndole educadamente a un amigo que se marchara.

Si ya has hecho una lista con las cinco cosas que te gustan de ti pero te gustaría añadir otras, sigue escribiendo hasta que sientas que has terminado.

4. Declara tu amor en voz alta

Cuando hayas acabado la lista, colócate frente a un espejo, mírate a los ojos y comienza a decir en voz alta cuáles son las cosas que te gustan de ti. Recorre la lista, punto por punto, expresando el amor que sientes por tu propia persona. Es probable que inmediatamente te sientas emocionado(a) y conmovido(a) por esta experiencia, aunque también puede suceder que tengas que repetirla varias veces para poder recibir el amor que tienes que ofrecerte. Repite este ejercicio tantas veces como lo necesites, hasta que sientas profundamente lo que estás diciendo.

Opcional: Si has logrado beneficiarte de los recordatorios diarios del amor que sientes por ti, haz una Activación de la Línea cada mañana; mientras permaneces en activación pide que te muestren un mantra de amor por uno mismo para utilizar ese día. Siempre que sientas que no estás expresando el amor que sientes por ti, o que necesites un recordatorio de que ese amor está en tu interior, ponte frente a un espejo y pronuncia en voz alta el mantra que has recibido mientras te miras a los ojos. No dejes de mirarte profundamente a los ojos mientras hablas como si estuvieras escudriñando tu alma y concéntrate en ello durante algunos momentos. Siente cómo este amor fluye a través de tu cuerpo, abre tu corazón y te apacigua con su poder sanador.

....

AMA TU PASADO

Todos tenemos un pasado. Y hay momentos del pasado en los que desearíamos haber resuelto las cosas de forma diferente. Hay palabras que dijimos o que no dijimos, cosas que hicimos o no hicimos, y echando la vista atrás pensamos que podríamos haber hecho algo distinto. Yo solía pasar mucho tiempo recordando esos momentos y gastaba mucha energía. Al hacerlo dejaba que el sentimiento de vergüenza me apartara del amor y me reprochaba por no haberlo hecho mejor. A menudo deseaba que fuera posible repetir una experiencia pasada, porque quería demostrarme que era mejor persona que la que había actuado en aquella ocasión. Como es evidente, esto era imposible. El hecho de saber que no podía cambiar el pasado hacía que me sintiera bloqueada, como si estuviera intentando pedalear en una bicicleta sobre un terreno fangoso, en el cual las ruedas giraban pero no avanzaban.

Amarte significa reconocer que cada momento de tu vida es una parte importante que está conectada con la evolución de tu alma. Es muy común tratar de aprender de los «errores». Sin embargo, hay una diferencia entre aprender del pasado y volver a vivir la energía de dichas experiencias. Reconocerás que estás reviviendo el pasado cuando sientas de inmediato la misma emoción (vergüenza, culpa, arrepentimiento, humillación) que sentiste en aquella experiencia. Cuando revisas el pasado sin aprender de la situación vivida, no te estás amando, te estás castigando. El Pináculo ha dicho: «La culpa no arregla ninguna situación; no consigue que nadie se sienta mejor. De hecho, lo único que hace la culpa es envenenarte».

Imagina todo lo que ha sucedido en tu pasado —especialmente esos recuerdos que suscitan emociones como pueden ser la culpa, la vergüenza o el remordimiento— como si fuera tu respiración. Cada aliento es una respiración que ya has respirado. Exhala y déjala ir con el fin de crear más espacio en tu cuerpo físico para recibir el amor que fluye dentro de ti.

La razón por la cual sentimos una amplia gama de emociones es porque aprendemos diferentes cosas de cada una de ellas. Cuando te sientes consumido por las reacciones emocionales que has experimentado en una situación pasada, tienes la opción de elegir. Puedes decidir abandonar el momento presente para quedarte estancado en un pasado que no puedes modificar o puedes permanecer en el presente, donde puedes utilizar tu Línea y tus mensajes para contarte a ti mismo una nueva historia sobre tu pasado.

......

EJERCICIO: TU NUEVA HISTORIA

Si crees que sueles revivir las emociones de tus experiencias pasadas en vez de aprender de ellas, este ejercicio te ayudará a contarte una historia diferente de tu pasado, una historia impregnada de amor, para que puedas recibir lo que has aprendido y percibir cómo has crecido.

1. Activa tu Línea

Comienza haciendo una Activación de la Línea, y mientras permaneces en activación imagina que una oleada de energía amorosa fluye a través de tu Línea. Tú estás hecho(a) de este amor. Tú eres este amor.

2. Diario

Piensa en una experiencia de tu pasado en la que hayas tenido dificultades para mostrarte el amor que sientes por ti, y reflexiona sobre cómo has crecido a partir de ella. Utiliza las siguientes entradas para escribir sobre dicha experiencia:

Describe tu experiencia apuntando qué fue lo que sucedió y con quién, dónde y cuándo sucedió.

¿Qué sentimientos experimentas cuando piensas en ella? Ahora, piensa en algo que hayas aprendido de esta experiencia y cómo ha contribuido a tu crecimiento o te ha preparado para algo que estaba por llegar a tu vida. Utiliza la siguiente entrada como orientación para lo que escribas:

Puedo expresar mi amor por mí mismo(a) debido a esta experiencia porque...

Cuando no te expresas el amor que sientes por ti, eres incapaz de ver si todo lo que has experimentado ha sido para aprender y evolucionar. Puedes crear una historia completa de tu pasado que refleje amor por la persona que eres y por todo lo que has vivido, y esta será la historia que siempre podrás contar.

....

AMA TU RECIPIENTE

El Pináculo ha dicho que a medida que tu energía cambia, también cambia tu cuerpo. Durante mi embarazo, asistía a clases de yoga prenatal dos veces por semana. Una de las instructoras a menudo se refería a nuestros cuerpos como un «recipiente» para el bebé y nos decía que este recipiente cambiaba durante la gestación para apoyar la nueva vida. Aceptar estos cambios nos ayudaría a encontrar la comodidad (la entrega) en la incomodidad (el trabajo de parto).

Esta enseñanza fue tan profunda que me ayudó a cultivar una nueva relación con mi cuerpo, y así pude aceptar y recibir todas las formas en que este necesitaba cambiar y moverse, así como también entregarme al proceso con una confianza plena. Más adelante, apliqué esta analogía en mi práctica espiritual. Mi cuerpo no solamente era un recipiente para mi bebé, también lo era para mi alma; y además, durante esa breve época de mi vida, era el recipiente para el alma de mi hija. Tan pronto como empecé a considerar mi cuerpo como un recipiente físico para mi alma, fui capaz de amarlo por la energía que transporta.

Tu cuerpo es una encarnación física de tu energía, y a medida que avanzas por la vida, cambiará de la misma forma que cambia tu energía. Cuando llevas a cuestas la energía de emociones pesadas, también puedes sentirte pesado. O acaso te sientas débil, apático, demasiado lleno (aunque no hayas comido tanto) o permanentemente cansado. Puedes tener jaquecas o experimentar dolor o inflamación en alguna parte de tu cuerpo. Después de haber hecho el trabajo para liberar esta energía, es muy probable que te sientas mucho más ligero, más ágil e incluso tal vez también más fuerte. Esto no tiene nada que ver con la apariencia exterior de tu cuerpo, sino con cómo lo experimentas energéticamente desde el interior, qué es lo que sientes al estar en tu piel.

Recibir tu cuerpo como un recipiente físico para tu alma te ayuda a honrar ese don milagroso que es vivir en él. Tu alma elige este cuerpo como su hogar, y es un regalo divino ser transportada por él cada día de nuestra vida. La forma en que hablas de ti y de tu cuerpo físico tiene un impacto en la forma en que lo sientes. Y aunque en este momento te sientas desconectado de tu cuerpo, o tal vez no estés ni siquiera inspirado para cuidarlo, practicar la gratitud por tu cuerpo puede modificar tu energía y ayudarte a recibirlo como un hogar divino para tu alma. Expresa tu agradecimiento a tu recipiente físico y hónralo por ser tu templo y porque transporta tu energía a lo largo de esta experiencia humana.

Y como sucede con muchas cosas, cuando se trata de profundizar tu amor y tu conexión con tu cuerpo físico, las activaciones de la Tierra pueden ser de gran ayuda. Sal a la naturaleza, sumérgete en el mar, abraza un árbol o siéntate en el exterior sobre la tierra siendo profundamente consciente de todo lo que te rodea. En esa situación haz una Activación de la Línea. Los miembros de nuestra comunidad han compartido con nosotros que cada vez que han practicado una activación cerca de la energía de la Madre Tierra, han sentido un alivio instantáneo de sus síntomas físicos (ansiedad, rigidez en la mandíbula, malestar estomacal, dolores o tensión general). Cada activación de la Tierra que experimentes puede ser también un recordatorio para amar tu recipiente físico, porque allí hay mucho más de lo que puedes ver.

TRANSFÓRMATE EN TU AMOR

El Pináculo ha dicho: «El corazón está destinado a expandirse. Está destinado a crecer. Está destinado a llenarse como un globo para poder darte su apoyo en tu viaje ascendente. ¿Qué ocurre cuando sueltas un globo de helio? Flota hacia arriba. El corazón que hay en ti es como un globo de helio, y a medida que se expande, te eleva».

Amarte es un viaje. Habrá momentos en los que el amor por tu propia persona producirá altibajos en tu vida, y también habrá épocas en las que alimentarás una energía que te pondrá difícil percibir tu amor. Pero recuerda que ese amor está aquí para ti. No necesitas buscarlo; está en tu interior. Practica diariamente abrirte a él. Abre tu corazón y tu conciencia para recibir el amor trascendente que reside en tu interior.

No tiene ninguna importancia en qué nivel del viaje de tu alma te encuentres, amarte comienza por aceptar quién eres en este preciso momento (en cualquier situación vital que estés viviendo puedes volar alto o sentirte estancado). Acepta de corazón todo lo que aparece en tu vida en este momento y luego déjalo ir. Date espacio y tiempo para sintonizar con la energía de ese amor, especialmente si es algo nuevo para ti.

La energía está fluyendo, moviéndose y evolucionando constantemente y, por lo tanto, su movimiento cambiará la forma en que te amas. Recibe abiertamente lo que llega a ti a través de tu Línea en relación con cómo te estás amando en este preciso momento, y a medida que proceses los mensajes manifiesta gracia y compasión por ti mismo. No hay una fecha de entrega ni un plazo límite. Confía y entrégate a tu viaje; eso es amarte a ti mismo.

Cuando te expreses el amor que sientes por tu propia persona, se irradiará a tu alrededor y tendrá un impacto en todo lo que hagas. También influirá positivamente en aquellos con quienes tengas contacto y enriquecerá tus relaciones. Pero la razón por la que el Pináculo ha dicho que amarte es uno de tus principales propósitos reside en que debes aprender a expresarte este amor antes de que puedas expresar amor por los demás.

Es posible amar a otros sin amarte a ti mismo, pero el amor que compartas con ellos no reflejará el amor divino que fluye a través de ti. Con el paso del tiempo, ese amor puede agotarte, desequilibrar tus relaciones o dejarte una sensación de vacío. Cuando aprendas cómo es recibir ese amor que sientes por ti, serás más propenso a comprender los mensajes que estás recibiendo para aprender a expresar tu amor a las personas que están en tu vida.

En el próximo capítulo de este libro, empezarás el profundo trabajo interior que implica encontrar el camino de retorno a ti mismo. Te confrontarás con las acciones, los hábitos y los patrones que has estado ignorando, o que no has percibido, y aprenderás que tus mensajes te enseñan una nueva forma de vivir. Siempre que te sumerjas en este tipo de autorreflexión, es importante que establezcas la intención de hacerlo a partir del amor por ti mismo. Recuerda que el amor es el hilo que te mantiene de una pieza, y que puedes hacer cualquier cosa siempre que la hagas desde un espacio de amor.

CAPÍTULO 6

CREAR ESPACIO PARA EL CRECIMIENTO DEL ALMA

*Puede parecer que las cosas están cambiando. Puede
parecer que se está produciendo un giro en las situaciones
que vives, un giro en tu energía, un giro en todo lo que sabías.
Puede parecer que lo que una vez fue, ya no puede ser. Y
por eso ahora estás moviéndote a través del movimiento de
ese giro. Y esto está planeado exacta y divinamente, y está
ocurriendo exactamente como tu alma quería que sucediera.
Todo es nuevo y todo es fresco, como si las nuevas flores que
acaban de brotar estuvieran aspirando su primer aliento.*

–EL PINÁCULO

Tu alma necesita espacio en tu vida para moverse,
cambiar, crecer y evolucionar. Tú puedes ofrecerle
este espacio de manera regular, practicando diariamente
la Activación de la Línea y permaneciendo en activación
para sentir la energía de tu Línea, recibir tus mensajes y
aprender qué puedes hacer a lo largo de ese día para vivir
en alineación con tu Ser Superior. Cuando termines de
hacer la activación y abras los ojos, retornarás a tu vida

física para aprender cómo fluir con la energía de tu vida diaria desde un lugar de alineación.

Todo lo que haces, dices y piensas tiene una frecuencia energética subyacente. Como sucede con todas las frecuencias, la sentirás en tu cuerpo físico como una emoción o sensación particular. En tu cuerpo energético las cosas son un poco diferentes. Las frecuencias que subyacen a tus acciones pueden ofrecerte ayuda o, por el contrario, impedir que estés en sintonía con tu Línea. Tus emociones te ofrecen pistas muy útiles sobre cómo te sientes en tu cuerpo energético en un determinado momento: ¿están tus acciones alineadas con el fluir de amor divino que corre a través de ti? Un día normal consiste en cientos de pequeñas y grandes acciones, que provocan cambios en la frecuencia de tu cuerpo energético. Una de las razones por las cuales el Pináculo compartió la práctica de la Activación de la Línea es para mostrarte una forma clara de cambiar tu frecuencia con el fin de recuperar la alineación cuando sientes que se ha perdido.

Además, tu frecuencia cambia constantemente porque eres una esponja que absorbe energía en todo lo que hace: los contenidos de Internet que consumes, los programas que ves, las noticias que lees, el «estado anímico» de una habitación y las conversaciones que tienes. Cada vez que pones tu interés en algo, te abres para recibir una frecuencia energética, y esto a su vez afecta a tu frecuencia: cómo sientes las emociones en tu cuerpo físico y si te sientes alineado en tu cuerpo energético. Tal vez decidas leer un artículo sobre la actualidad escrito para inquietarte y generarte miedo o mirar una película triste y sentir empatía. Esto puede ocurrir sin que tengas conciencia del cambio que se produce en tus emociones.

Todos resultamos afectados por la energía que consumimos y necesitamos cambiar intencionadamente nuestra conciencia para identificar los hábitos o patrones que son la causa de nuestra falta de alineación. En cierta ocasión hice una lectura para una mujer que se encontraba agotada y sentía mucha ansiedad y miedo. En nuestra lectura, el Pináculo sugirió que un simple cambio en su rutina nocturna sería de gran ayuda. Tenía la costumbre de ver un programa de crímenes antes de irse a dormir, y el Pináculo afirmó que la energía de esos programas, cuyos contenidos a menudo alimentaban el miedo y la ansiedad, era lo que le impedía tener un sueño reparador. El Pináculo le sugirió que si quería ver algún programa por las noches, eligiera uno que tuviera una energía similar a las emociones que ella quería sentir antes de irse a la cama; así conseguiría dormir mejor. Esta mujer no tenía conciencia del efecto que esos programas tenían en su cuerpo físico y en su cuerpo energético. Establecer esa conexión fue muy inspirador para ella, porque con un simple cambio pudo sentirse mucho mejor a nivel emocional y crear una nueva rutina que estaba alineada con ella. Lo mismo puede aplicarse a ti: en el momento que empiezas a descubrir hacia dónde se está moviendo tu energía, y cómo te está afectando, vuelves a tomar el control y aprendes lo que necesitas hacer para tener una vida alineada.

DESPEJA EL DESORDEN

Hay muchas pequeñas cosas que pueden afectar a tu alineación. Aunque son diferentes para cada persona, por lo general son cosas que no te permiten concentrarte en tu energía (cómo te sientes en ese momento, tanto física como energéticamente) ni en tu Línea (cuál es la frecuencia con la que puedes alinearte para cambiar lo que sientes). Cualquiera que sea el motivo que te esté apartando de tu alineación, vamos a llamarlo tu desorden energético. Una de las principales razones por las que puede resultarte difícil recibir tus mensajes no es tu falta de capacidad (confía en mí, puedes hacerlo) sino el desorden energético que hay en tu vida que está afectando a tu estado emocional y también está dificultando que cambies tu energía para alcanzar un estado de alineación y recibir la guía que llega a ti a través de tu Línea. Pones energía en todo lo que haces, y al mismo tiempo consumes la energía de lo que estás haciendo. Cuando puedas establecer conexiones entre lo que haces y cómo te sientes al hacerlo, serás capaz de identificar tu desorden energético y aprender qué es lo que necesitas para despejarlo.

Es muy común que el desorden energético que hay en tu vida se manifieste como un desorden físico en el lugar donde vives. Este fue el caso de una cliente que tuve

CREAR ESPACIO PARA EL CRECIMIENTO DEL ALMA

tiempo atrás: su desorden estaba específicamente en su armario. En la lectura que hicimos, el Pináculo destacó un patrón del que ella no tenía la menor conciencia. Cada vez que abría el armario para buscar algo para ponerse, se sentía inmediatamente agobiada por todo lo que veía; entonces cerraba las puertas llena de frustración y con una sensación de derrota. Esto le sucedía todos los días, y varias veces al día, pero no lo consideraba significativo. Lo entendía como una respuesta automática que le sucedía desde hacía varios años: abrir el armario, sentirse frustrada, cerrar el armario, sentirse vencida. Aunque no le gustaba sentirse así, tampoco le sorprendía y había llegado a tomarlo como algo normal en su vida. Su ego la había estado manteniendo a salvo instándola a que repitiera algo que le resultaba familiar, de manera que ella no lo cuestionaba.

Cuando el Pináculo sacó a relucir este tema, se rio y comentó que durante las últimas semanas cada vez que entraba en su coche recibía el mensaje de dirigirse a una librería para comprar un libro sobre cómo ordenar su vida. Sabía que debía ocuparse de ordenar su armario, pero todavía no había hecho nada al respecto. Aunque había recibido la indicación de su Ser Superior de cambiar esa situación, estaba actuando según un patrón que era incómodo pero le resultaba seguro y continuaba haciendo lo mismo día tras día. Gracias a nuestra lectura se dio cuenta de que en realidad estaba muy conectada con sus mensajes a pesar de sentir que tenía una vida desorganizada.

Establecer estas conexiones puede ser así de sencillo, porque para recibir tus mensajes solo es necesaria una alineación de una fracción de segundo con la frecuencia de tu Línea. Cuando recibes un mensaje, puedes sentir que te están recordando algo que ya sabes, sientes o percibes en lo más profundo de tu ser. Entonces acaso tomes la decisión, independientemente de que seas consciente de ello o no, de reconocer el mensaje y actuar de acuerdo con él o de ignorarlo por completo. Recibes estas pequeñas confirmaciones todo el tiempo. Quizás en el pasado no les hayas hecho caso porque pensabas: «Sí, ya sé que necesito hacer eso», pero no has actuado en consecuencia porque te decías que no tenías tiempo, porque estabas pendiente de alguna otra cosa o porque no lo considerabas importante. Tu alma quiere guiarte, pero tú tienes que conectar tu conciencia con tu energía para poder ver que objetivamente tienes tiempo, que realmente puedes despejar el desorden energético que se está interponiendo entre tú y tus mensajes, y que tus mensajes son una guía divina para ayudarte a introducir cambios positivos en tu vida. Cada uno de esos cambios es importante, incluso los más pequeños y aparentemente intrascendentes.

Imagina que tu energía es como el agua de un grifo. Cada vez que prestas atención a algo (una conversación, un pensamiento, una publicación en las redes sociales, etc.), es como si abrieras un grifo para que fluya tu energía. Haces esto en cada momento del día y, dependiendo de cómo gestionas tu energía, a veces puedes tener varios grifos en funcionamiento mucho después de que los hayas abierto. Tal vez por la mañana has mantenido una conversación con alguien que te ha irritado y por la noche todavía sigues pensando en ello. O quizás te hayas enfadado por algo que viste en Internet y dos días más tarde aún estás alimentando esa frecuencia y dejándola crecer dentro de ti. El patrón de todo lo que haces, dices o piensas (como puede ser una rutina que te resulta cómoda, los hábitos que utilizas para distraerte de tus sentimientos, las suposiciones que regularmente haces en relación con los demás, etc.) puede colocarte en situaciones que te provocan ansiedad, estrés, resentimiento, apatía, cansancio o desesperanza. Estos grifos pueden conseguir que acabes sintiendo que estás llevando un gran peso energético a tus espaldas o que tienes poca fuerza y capacidad de concentración y escaso tiempo para ti.

Puedes utilizar tu Línea para identificar cuáles son los grifos que están abiertos y aprender a reconocer el efecto energético que tienen en ti. Si te parece agobiante establecer estas conexiones, te sugiero que analices lo que haces en tu tiempo libre. Hay muchas formas fáciles y entretenidas de distraerte, y el modo en que utilizas tu tiempo libre puede ayudarte a entender si te estás anestesiando para no enterarte de cómo te sientes emocional y energéticamente, o si estás actuando de forma deliberada para promover tu alineación. Tu desorden puede consistir en todo lo que haces en tu tiempo libre con la única intención de aturdirte o desconectarte subconscientemente.

Ten presente que ese tiempo de ocio te ofrece una oportunidad para introducir pequeños cambios en tu vida, que te ayudarán a mantenerte conectado con tus mensajes y tu energía.

En las lecturas de muchos de mis clientes, el Pináculo ha mencionado los hábitos de alimentación como una forma de aprender a tomar decisiones intencionadas que estén alineadas con lo que necesitas en ese momento particular. Cuando tienes hambre, ¿eliges algún alimento que contribuirá a tu bienestar físico y energético, o algo que se desplazará lentamente —y en algunos casos también dolorosamente— dentro de tu cuerpo y de tu energía? En otras palabras, ¿tomas alimentos que te hacen sentir vital y equilibrado o hinchado y apático? Cuando te alimentas intuitivamente, te muestras receptivo a la ayuda que llega a ti en ese preciso momento en relación con los alimentos que son más nutritivos para ti. Esta es la forma de hacerlo: antes de elegir un alimento, cierra los ojos e imagina la Línea que corre a través de ti. Haz algunas respiraciones profundas y pregunta: «¿Qué es lo que nutrirá mejor a mi cuerpo en este momento?». Mantente receptivo para recibir cualquier mensaje que llegue a través de ti. En algunas ocasiones, recibirás un mensaje que te dirá que realmente no tienes hambre, que solo estás aburrido o buscando una distracción. En otras, tal vez te indicarán que tomes una porción más pequeña de lo habitual o un alimento que nunca has probado; o acaso te sugieran que cambies completamente tu alimentación. Comer intuitivamente significa estar receptivo a las necesidades siempre cambiantes de tu ser físico y energético.

El Pináculo también ha sugerido a muchos de mis antiguos clientes que utilizaran su nevera como un ejercicio para despejar su desorden energético. Cuando abres tu nevera, ¿qué es lo que ves? ¿Tienes alimentos que potencian tu energía y tu vitalidad o, por el contrario, que te resultan pesados? Puedes despejar el desorden de tu nevera deshaciéndote de los alimentos caducados, los que no son saludables o los que no se corresponden con los mensajes que te están mostrando lo que necesitas. Las lecciones que aprendes de esta experiencia se trasladarán directamente al desorden que hay en otras áreas de tu vida, y así podrás también dedicarte a prestar atención a los mensajes referidos a esas áreas. Además, puedes practicar la lectura intuitiva leyendo un libro, una revista o un tema que en ese momento te atraiga. Por ejemplo, andar de forma intuitiva sencillamente puede ser dirigirte hacia la puerta sin ningún destino preestablecido y estar abierto a dejarte guiar en tu viaje. La clave para cualquiera de estas actividades es aprender a identificar que tu ego está intentando mantenerte a salvo haciéndote repetir patrones o hábitos conocidos, y confiar en que tus mensajes te permitirán vivir nuevas experiencias y tener una mayor comprensión de ti mismo.

EJERCICIO: DESPEJA TU DESORDEN

Vuelve a pensar en una situación reciente en la que has estado a solas y que hubieras deseado haberla vivido de una forma diferente. Tal vez había algo que te apetecía hacer y, sin embargo, te entretuviste descuidadamente navegando por las redes sociales. O quizás deseabas pasar la noche en casa y luchaste contra tu cansancio para cumplir con una obligación social. Independientemente de cómo hayas vivido esa situación, no hiciste lo que tú ya sabías en lo más profundo de tu ser (o lo que tus mensajes te confirmaban) que deberías haber hecho. Cuando pienses en esa situación, utiliza las siguientes entradas para que te resulte más fácil establecer conexiones entre lo que hiciste y cómo te sentiste al hacerlo.

¿Cómo has pasado esos momentos?

¿Has sentido que deberías haber hecho otra cosa diferente a la que hiciste o has recibido algún mensaje (antes, durante o después) al respecto?

¿Cómo te has sentido emocional y/o energéticamente durante o después de esos momentos?

¿Hay algo de lo que has hecho que podría ser el motivo del desorden energético que necesitas despejar? Esto puede querer decir eliminar esa actividad, reducir la frecuencia con que la realizas o decidir de forma intencionada cuándo dedicarte a ella y durante cuánto tiempo. Tu desorden puede hacer que tu energía sea muy baja, de manera que revisa lo que has escrito para la tercera entrada del diario. Esta será tu primera pista a la hora de identificar tu desorden.

....

LA PRIORIDAD ERES TÚ

Despejar tu desorden energético te ayuda a comprobar qué es lo que no contribuye con tu alineación. Sin embargo, no quieres o no puedes renunciar a todo lo que atenta contra tu alineación. Uno de los aspectos más hermosos de la vida es la variedad de relaciones que establecemos: parejas, socios, amigos, hijos, padres, hermanos, compañeros de trabajo o de clase, etc. Habrá momentos en los que cada una de las relaciones en las que inviertes tu energía, y de las que la recibes, te hace sentir que no tienes la claridad ni el espacio necesario para alinearte contigo mismo y recibir tus mensajes. Tal como sucede con tu desorden energético, puedes emplear tu Línea para aprender cuáles son los cambios que debes hacer para sentir que te estás dando prioridad a ti, a tus mensajes y a tu alineación, sin renunciar a disfrutar plenamente de tus relaciones.

Cuando la prioridad eres tú, vives con conciencia de la energía que estás dando a las personas que hay en tu vida y que también estás recibiendo de ellas. Conoces tu intención para cada uno de los grifos que has abierto, de modo que puedes manejarlos y actuar desde un lugar de alineación contigo mismo y del amor que fluye a través de ti. Todos estamos conectados con la energía que fluye a través de cada uno de nosotros, y cuando alimentas estas conexiones con el amor divino, esta energía crece en micro y macroniveles, y se multiplica en el mundo. Si sabes por qué estás dando tu energía a alguien, y eres consciente de que también tienes el poder de cerrar el grifo, puedes dejar de sentirte energéticamente exhausto, ansioso, muerto de miedo o perdido por el hecho de estar ofreciendo demasiado de ti. Puedes cambiar tus acciones e intenciones con el fin de generar intercambios importantes y solidarios con esos grifos que eliges abrir.

Las relaciones son un conjunto de intercambios energéticos. Das tu energía a alguien, y a cambio recibes energía de esa persona. Los intercambios energéticos que compartimos mutuamente son una parte esencial de esta maravillosa experiencia, y el amor que podemos dar y recibir en nuestras relaciones enriquece nuestras vidas de una forma que ninguna otra cosa puede conseguir. Sin embargo, en toda relación experimentarás un contraste de emociones altas y bajas. Habrá momentos en los que sentirás que estás recibiendo exactamente la energía que necesitas y otros en los que tendrás la sensación de que has perdido la alineación debido a algo que alguien ha dicho o hecho.

En algunas ocasiones incurrirás en un tipo de intercambio que tendrás que modificar (chismorreos, resentimiento o incluso tus intentos de convencer a alguien de que tienes razón). En otras, quizás necesites cerrar el grifo de una relación durante un breve periodo de tiempo o incluso de forma permanente. Utiliza el amor divino exento de juicios que fluye a través de tu Línea para tomar conciencia de que tus grifos tienen un impacto sobre tu nivel energético. Esto te ayudará a liberarte de los patrones negativos que tu ego pretende que sigas repitiendo en tu vida, para poder considerar tus relaciones como oportunidades de aprendizaje y crecimiento. También debes asumir la responsabilidad de tus acciones y comprender qué tipo de energía estás poniendo en tus relaciones. Esto propiciará que reconozcas cuáles son los cambios que puedes hacer para mejorar la relación o que ha llegado el momento de cambiar algo en una relación o tal vez darla por terminada.

Hay algunas relaciones en las que tu grifo permanece abierto únicamente cuando interactúas con ellas. Por ejemplo, si hablamos de los compañeros del trabajo, el final de una jornada laboral puede ayudarte subconscientemente a cerrar el grifo. Si descubres que ese grifo todavía está abierto, piensa específicamente en la energía que subyace a las interacciones, para así comprender cuáles son las emociones que todavía están latentes. ¿Acaso lo que las desencadenó fue algo que alguien dijo o hizo? Cuando quieres cambiar tu frecuencia, haz una Activación de la Línea y pide a tu Ser Superior que te ofrezca claridad para saber por qué ese grifo sigue estando abierto y cómo puedes cerrarlo. Esta acción vuelve a poner tu foco en ti y en tu energía, para que puedas aprender a reaccionar desde un lugar de alineación. Si necesitas decir lo que piensas, si necesitas liberarte y también si necesitas apoyo, tus mensajes te guiarán hacia tu siguiente paso.

Cuando se trata de los amigos y la familia, los grifos de estas relaciones generalmente permanecen siempre abiertos, al menos un poco. Dar prioridad a tu energía no significa que siempre te pongas a ti mismo y tus necesidades por encima de los demás. Los niños, por ejemplo, son un gran grifo de energía: puede parecer que ese grifo está abierto al máximo en todo momento. Cuando los padres están con sus hijos, pueden pasar por momentos buenos y momentos malos, y a menudo tienen que navegar esas situaciones emocionales junto con ellos. La capacidad de manejar la energía, incluso en estas situaciones, comienza por tomar conciencia. ¿Cómo te sientes ese día en particular (qué energía estás poniendo en tus interacciones)? ¿Cuál es para ti una respuesta alineada frente a una rabieta? ¿Y para tu hijo o hija (de qué manera puedes poner a un lado lo que sientes y aprovechar las oportunidades para aprender y crecer)? ¿Cuáles son las razones energéticas más importantes para los conflictos que se producen entre tú y tus hijos (qué situación estás viviendo en ese momento que está afectando a la forma en que actúas en la relación)? Las fricciones no desaparecerán, especialmente para los niños, porque crecer puede resultar incómodo; sin embargo, cuanto más consciente seas de tu energía (y esto se aplica a todas las relaciones), más fácil te resultará identificar las diversas maneras en que los conflictos pueden eliminar tu alineación antes de que esto suceda.

Si pones tu energía al servicio de demasiadas cosas, no será raro que sientas frecuentemente que tus emociones son impuestas por la situación presente o por una persona que no eres tú. Sin embargo, esta es *tu* vida. Cuando miras todos los grifos energéticos desde la perspectiva de tu amor, crecimiento y evolución, puedes decidir cuáles permanecerán abiertos, dónde puedes hacer cambios para mejorar y cuáles necesitas cerrar. Pero para hacerlo, primero debes ser consciente de a dónde se dirige tu energía y qué tipo de energía estás recibiendo a cambio. Esta conciencia se desarrolla aprendiendo a aceptar, soltar y sentir gratitud por cada momento complicado, porque cada uno de ellos te ayuda a conocerte un poco mejor.

....

EJERCICIO: GRIFOS DE ENERGÍA

Piensa en una época en la que estabas entregando tu energía a alguien cuando no estabas físicamente con esa persona ni hablando con ella. Es probable que ese día o esa semana lo hicieras con anterioridad, pero el momento que quiero que recuerdes es aquel en el cual estabas consumiendo tu energía por el mero hecho de pensar en ella, de tener una reacción emocional relacionada con ella o al evocar una situación en la que dicha persona estaba implicada. Y cuanto más energía gastabas, más agotado te sentías tanto a nivel emocional como energético. Luego utiliza las siguientes preguntas que te servirán de guía para escribir sobre esa experiencia en tu diario:

¿Qué estabas pensando o qué emoción estabas sintiendo en relación con esa persona? ¿Acaso te ha venido a la mente algún recuerdo doloroso? ¿Fue algo que alguien dijo o hizo? ¿Estabas haciendo algo que te recordó a esa persona?

¿Qué hiciste en ese momento para fomentar esa energía o emoción y mantener tu grifo abierto? ¿Reprodujiste mentalmente una y otra vez una conversación, chismorreaste con alguien sobre esa persona, te menospreciaste y restaste importancia a tu valía?

¿Qué podrías haber hecho para cambiar tu energía o emoción? Concéntrate en acciones simples y prácticas, como por ejemplo salir a dar un paseo o a correr, hablar sinceramente con esa persona o liberar viejos sentimientos. Si necesitas apoyo, activa tu Línea y pídele a tu Ser Superior que te oriente.

Si te das cuenta de que por lo general sientes que pierdes energía al interactuar en una relación específica, te sugiero que pienses en los cambios que puedes hacer para situarte el primero o la primera de tu lista de tu lista. Puedes empezar diciendo *no* a todas las cosas que no deseas hacer o a los asuntos sobre los que no quieres discutir porque no están alineados con lo que tú necesitas en ese momento. Al decir *no*, estableces límites que dan prioridad a tu persona y a tu energía. Comienza

con algo pequeño que te ayude a desarrollar tu confianza y sé
amable contigo a lo largo de este proceso.

....

ESTIRANDO EL TIEMPO

Cuando tomas decisiones que están alineadas con tus
mensajes, estás entregándote a que tu alma te guíe. Cuanto más frecuentemente te muestres al mundo con esta
versión de ti, antes descubrirás otras formas de ponerte el
primero de tu lista. Deja de seguir a los contactos de las
redes sociales que te hacen sentir celoso, inseguro, irritado o molesto; no veas noticias que alimentan frecuencias
que te apartan de tu alineación; limita tus compromisos
online para poder hacer cosas que te permitan volver a tu
hogar, a ti mismo, como puede ser pasar más tiempo en
la naturaleza, adquirir una nueva afición o recuperar una
que has descuidado, o simplemente abandonar las rutinas que no te permiten disfrutar de la milagrosa belleza
de esta vida.

Quizás quieras dar por terminada una relación o volver a descubrir a tu pareja buscando intencionadamente
tiempo para dialogar con ella sin pantallas de por medio.

A lo largo de tus días y en el curso de tu vida, habrá
momentos energéticos altos y bajos. A medida que conti-
núes desarrollando tu conciencia de la energía imperante
en cada situación, te resultará más fácil conocer las razones que motivan tus emociones. Identificar la energía que

estás alimentando en esos momentos te ayudará a transitar esas situaciones sin sentirte agobiado por todo lo que estás sintiendo. Cuanto más consciente seas de hacia dónde se dirige tu energía, más tiempo dedicarás a ti, a tu alma y a tu crecimiento.

Tus mensajes seguirán llegando; debes concederte tiempo para recibirlos y actuar en consecuencia. Esto no siempre resulta fácil. Los días están llenos de actividades y pasan rápidamente, y las responsabilidades que tienes con las personas que hay en tu vida a veces son un obstáculo para que encuentres tiempo para ti. En un día ajetreado, ¿qué haces en esos momentos que te dedicas a ti? En vez de invertir tu energía en redes sociales, correos electrónicos, noticias o mensajes de texto, puedes alargar el tiempo que tienes concentrándote en tu respiración, en los latidos de tu corazón, en la energía que fluye a través de tu cuerpo y en el momento presente. Sal al exterior, aunque sea por unos instantes, y conéctate con tu punto de activación de la Tierra. Cierra los ojos y respira el aire fresco, sintiendo cómo se expanden y contraen tus pulmones. Imagina que tus inhalaciones y exhalaciones duran minutos en vez de segundos. Esta práctica simple te rejuvenecerá y te permitirá volver a conectarte con tu propio ser, porque es como una renovación energética.

A cada minuto hay una oportunidad para volver a recuperar tu propia energía. Puedes deshacerte de esos hábitos que la desperdician innecesariamente, haciendo una Activación de la Línea. Retorna a tu hogar energético, tu lugar de conexión, y pide claridad para poder identificar cuáles son las cosas que te distraen y te apartan de tu energía. Los mensajes llegan suavemente a través de tu Línea y te ofrecen amorosamente una gran claridad sobre tu estado emocional y sobre las razones energéticas para tus sentimientos. Cuando decides deliberadamente cómo disponer de tu tiempo, eres capaz de despejar de manera regular tu desorden energético y tomar consciencia de los grifos energéticos que has abierto; incluso un día ajetreado puede parecerte tranquilo y con un ritmo adecuado, y puede ofrecerte la energía suficiente para que te concentres en ti y en tu crecimiento.

CAPÍTULO 7

EL CONTRASTE ENERGÉTICO DE TU TRANSFORMACIÓN

Cuando estás iluminado eres hermoso. Esta luz viene de tu interior. Brilla a través de tus ojos, de tu piel, de tu energía, y brilla a través de tu sonrisa. Esto no significa que te sientas feliz todo el tiempo. Esto significa que estás en conexión. Sientes tu amor y estás conectado a él. Lo honras, le muestras compasión y gratitud, y le ofreces servicio. Te ofreces servicio a ti mismo.

-EL PINÁCULO

La energía está siempre en movimiento, y tus experiencias cambian constantemente. Si eres una persona que prueba cosas nuevas y disfruta en situaciones que no le resultan familiares, podrás comprobar que esto se refleja en tu propia vida. Aunque si lo que te gusta es la constancia y la rutina, y cada día de tu vida es como el anterior, también experimentas cambios. A un nivel físico celular, tu cuerpo se está reparando y regenerando, y está envejeciendo a cada minuto de todos los días. Tu energía tampoco se queda quieta.

En el capítulo anterior hemos hablado de observar los altibajos energéticos que se producen en tu vida cotidiana. Quizás hayas notado que tu energía sigue fluctuando incluso aunque tu día sea relativamente tranquilo. Si has aprovechado la oportunidad de hacer espacio en tu vida despejando tu desorden energético, es posible que hayas observado que estás viviendo nuevas experiencias y moviéndote con una energía nueva. En cualquier momento que haces algo que no habías hecho antes, como puede ser cambiar una rutina, deshacerte de un hábito o actuar en sintonía con un mensaje, estás asumiendo una energía nueva o diferente, que puede ser alta pero también baja. La energía de baja vibración es la que puede ser más desconcertante, e incluso decepcionante, pero te invito a que aceptes todas las formas de energía como un regalo transformador. En esta vida, aprendes de las energías contrapuestas que se manifiestan en cada experiencia. Así es como creces, cambias y te transformas.

EL PATRÓN DE LA ENERGÍA

El Pináculo ha dicho que la energía que experimentas en la vida se mueve en ondas de frecuencias altas y bajas. Algunas frecuencias altas serán superiores a otras y algunas frecuencias bajas serán inferiores a otras, pero el patrón seguirá siendo regular: una energía de alta vibración será sucedida por una energía de baja vibración, seguida a su vez por otra energía de alta vibración y luego por otra energía de baja vibración, y así sucesivamente. Algunas frecuencias altas te hacen sentir muy bien, mientras que otras se perciben como positivas pero no son extraordinarias. Lo mismo sucede con las ondas bajas. Una energía de baja vibración puede representar todo un desafío, y muy posiblemente te resulte difícil transitar a través de ella, pero esa energía también puede ser moderada y manejable. Todo es relativo y depende de tu habilidad para manejar la energía mientras estás viviendo esa experiencia.

Este patrón energético puede ayudarte a tomar conciencia de la energía que está por llegar, aunque esto no quiere decir que siempre sabrás cuáles son las circunstancias específicas que atraen esa energía a tu vida. Algunas veces conseguirás identificar una conexión clara con una decisión que has tomado recientemente o con un evento de tu vida en el que estás inmerso. En otras ocasiones, sentirás un cambio emocional pero no comprenderás de inmediato qué es lo que lo ha causado. Hay un misterio sagrado en este don de la vida, y entregarte a él forma parte de este viaje. No está dicho que tengamos que saber lo que va a ocurrir a continuación, y pese a que intentar descubrirlo puede ser emocionante, lo único que conseguirás es distraerte de los mensajes que pueden ayudarte a actuar con cualquier energía que sientas.

El Pináculo ha dicho: «Hay muchas cosas que están por llegar y tú debes tener paciencia, querido: tus raíces son como las de un árbol. Y las raíces tardan en crecer, en expandirse, en ampliarse; cuando llegue el momento oportuno habrá muchas cosas que habrás alcanzado. Por lo tanto, no te apresures, mantente receptivo a todo lo que llega a tu vida y retorna a "mí"». Lo que el Pináculo quiere decir con «retorna a mí» es que vuelvas a la energía de apoyo y amor de tu Línea para poder sentir, con confianza y conexión, que ya tienes en tu interior todo lo que necesitas para transitar momentos difíciles.

Imagina que tu cuerpo físico es el mástil de una guitarra y los recuerdos energéticos de todas las experiencias de tu alma (tus registros akáshicos) son las cuerdas. Cada experiencia que tienes en esta vida está directamente conectada, como mínimo, con una de esas experiencias de tu alma. Es como si al rasguear una cuerda, las emociones de ese recuerdo vibraran a través de tu cuerpo en forma de una energía que puede tener vibración alta o baja. La experiencia de tu vida física que ha activado ese recuerdo del alma es una pista para alcanzar un aprendizaje profundo del alma. Tal vez en este momento recibas únicamente pequeños fragmentos de información, pero esos fragmentos individuales te ayudan a comprender las razones energéticas más importantes por las cuales sientes las ondas energéticas en tu vida. Puede ser todo un desafío explorar el crecimiento del alma que genera esta energía, pero la energía está siempre en movimiento de manera que puedes encontrarte a gusto, sentirte aliviado y fortalecido si tienes en cuenta que ninguna situación, por difícil que sea, durará eternamente.

ACEPTA EL CONTRASTE ENERGÉTICO

Tu patrón energético se mueve en ondas de vibraciones altas y bajas, pero esto no significa que sientas exclusivamente unas u otras. De hecho, es muy común sentir las ondas altas y bajas al mismo tiempo. La energía se mueve mucho más rápido que nuestro cuerpo físico, y este no puede seguir su ritmo. Algunas veces podemos procesar físicamente los efectos de la energía que hemos recibido mucho tiempo después de que haya pasado. Esto se puede sentir como cansancio, rigidez en la mandíbula, indigestión, dolor de cabeza, mareos o taquicardia, entre diversas expresiones físicas en las que las ondas energéticas pueden manifestarse. En otros momentos las ondas energéticas de la emoción se acercan bastante cuando entran y salen de tu cuerpo, lo que implica que todavía sea más complicado transitar físicamente la energía que hay en tu interior. Por ejemplo, puedes tener una experiencia de alta vibración que es rápidamente sucedida por un pensamiento, un sentimiento o un deseo de baja vibración. Mientras procesas la energía baja, al mismo tiempo estás disfrutando de la energía alta.

Cuando los miembros de nuestra comunidad experimentan este contraste energético, a menudo sienten que necesitan optar por la sensación de alta vibración y no por la baja. Y aún peor, si están agobiados por la tristeza, la ansiedad, el miedo o cualquier otra sensación que hayan identificado como «baja», se sienten culpables y preocupados por estar atrayendo más energía de baja vibración a su vida. Aunque normalmente utilizamos los términos *alto* y *bajo* para describir las sensaciones asociadas con estas energías, la energía en sí misma no tiene ninguna etiqueta. Le damos un nombre para que nos resulte más fácil comprender cómo la experimentamos en nuestro cuerpo físico. Sin embargo, hay un juicio implícito que suele acompañar a esa etiqueta: bajo es «malo», alto es «bueno».

Por ser un alma transitando la experiencia humana, has sido diseñado para sentir todas las emociones y procesar todas las energías. No estás equivocado, ni tampoco eres débil, por sentir una energía de baja vibración. El Universo, la Fuente o Dios no te están castigando por tener experiencias que ponen en juego emociones difíciles. Estos juicios están arraigados en lo más profundo de nuestra psique desde hace miles de años, pero ahora recibimos ayuda para liberarnos y desarrollar una nueva relación con nosotros mismos y con nuestras emociones. Cada emoción que sientes está diseñada para que tu alma evolucione.

Cuando alimentas una energía de baja vibración en vez de comprender por qué en ese momento la estás sintiendo para poder transitar esa experiencia, no estás atrayendo más energía de ese tipo. Sin embargo, la experimentarás durante más tiempo, o con mayor intensidad, y a veces esto ocurrirá mientras estás intentando procesar emociones difíciles y comprender que tu alma quiere desarrollarse a través de esa energía. Reconocer esas emociones en vez de suprimirlas no significa que estés enviando una señal al universo para comunicarle que quieres más de esta energía. En realidad, estás ampliando tu conciencia y tu comprensión de ti mismo, de tus respuestas, de tus lecciones y del camino de tu alma. Estas energías vibracionales no te impiden acceder a tus registros akáshicos o utilizar tu Línea. Puedes activar tu Línea y recibir tus mensajes en cualquier estado emocional o energético. Tus mensajes están aquí para ayudarte a transitar cualquier situación y con cualquier emoción que experimentes.

Si bien es verdad que la energía de alta vibración puede hacerte sentir emocionalmente «mejor» que la energía de baja vibración, ambas tienen una función en tu crecimiento. Tus experiencias de alta vibración pueden ser mensajes de tu alma que te confirman que estás en alineación, pero son los momentos de alta vibración los que te enseñan qué significa para ti la alineación. Pretender experimentar únicamente emociones de alta vibración sin aprender de las emociones de baja vibración es como embarcarse en un viaje y cambiar de destino cada vez que el terreno se torna complicado o el clima empieza a mostrarse inclemente. Puedes elegir un pensamiento, un sentimiento o una actividad que te haga sentir exactamente lo que tú pretendes, pero si no sabes lo que necesitas para estar alineado siempre estarás persiguiendo esos sentimientos vibracionales sin comprender hacia dónde te está guiando tu alma.

Lo más importante no es el tipo de emoción que sientes; lo más importante es cómo respondes. Cuando sientes emociones de alta vibración, ¿acaso sabes qué es lo que has hecho para experimentar dichas emociones? ¿Estabas respondiendo a tus mensajes? ¿Qué es lo que te dice eso sobre lo que tu alma necesita para tu alineación? Cuándo experimentas emociones de baja vibración, ¿las ignoras? ¿Culpas a otros por ellas? ¿Las alimentas y las dejas crecer? ¿O recibes a cada una de ellas como una oportunidad para profundizar el conocimiento de tu propia persona?

El trabajo del alma no siempre es fácil, pero lo tendrás todavía más difícil si eres selectivo al elegir las emociones que quieres reconocer y de las que estás dispuesto a aprender. Este trabajo puede ser molesto. Puede ser triste. Puede ser doloroso. Sin embargo, te reporta una mayor conciencia de ti mismo y de todo lo que necesitas para estar en alineación. Tomar distancia de la situación específica en la que estás inmerso y ver el patrón de energía más amplio y el trabajo del alma con el que dicho patrón está conectado puede ser una gran ayuda. El Pináculo ha dicho: «Siempre debes mirarte desde arriba. No mires únicamente el interior del cuerpo en 3D; busca una visión multidimensional que solo conseguirás observándote desde arriba. Tú siempre quieres observar la situación desde arriba; esto te da perspectiva, te hace sentir agradecido y te permite ver las cosas desde la perspectiva del amor. El victimismo comienza en el momento en el que interiormente sientes: "Esto me está sucediendo a mí". Cuando puedes observar la situación desde arriba, en lo más profundo de tu corazón sabes que todo lo que está sucediendo es el inicio de una nueva etapa». Enterrada profundamente en cada emoción, en cada dolor, está la sabiduría de tu alma. Observa desde arriba, mira con amor y recibe cada experiencia como una oportunidad para crecer y para adquirir un aprendizaje superior.

La alineación no siempre te hace sentir bien. Estar alineado significa que estás en el camino de tu alma, y abierto a tus emociones, tu crecimiento y tu sanación. No quiere decir eludir la energía ni las experiencias de baja vibración. Tú las necesitas para crecer, son tus maestras. Cuando las evitas debido al miedo, a la culpa o a tu ego, estás rehuyendo la experiencia plena de ser humano, que es *sentir* todas las emociones. Sentir las emociones es sanarse. Tus mensajes te guiarán hacia experiencias desagradables en las que tienes que afrontar y gestionar emociones de baja vibración. Es probable que en esas situaciones pienses que estás fuera de alineación; sin embargo, es precisamente en estas experiencias y emociones donde tiene lugar el aprendizaje. No te apartes de ellas. Gracias a ellas tu alma evoluciona y tú te transformas.

LA TRANSFORMACIÓN COMIENZA
EN EL MALESTAR

Cuando algún miembro de nuestra comunidad está procesando un cambio súbito en su vida o viviendo una experiencia desagradable (un accidente de coche, la pérdida de un trabajo, un divorcio, una lesión física, etc.), suele escribirme para contarme su situación y me pregunta: «¿Por qué *me* está pasando esto?». Cuando consideramos que todo en la vida *nos* sucede, nos sentimos tentados a acomodarnos en una vibración baja y a dejarla crecer, en vez de utilizar la energía de baja vibración como un catalizador para acceder a la energía de alta vibración del alma que aprende y se sana. Estos momentos difíciles son oportunidades para introducir cambios importantes en tu vida. Cuando aceptas que el malestar es parte de tu transformación, puedes reconfigurar tu cerebro para pensar «¿*Por qué* me está pasando esto a mí?» en lugar de «¿Por qué me está pasando esto *a mí*?».

Las semillas de la transformación se encuentran en los momentos en los que sentimos malestar físico o energético.

El Pináculo ha compartido una hermosa metáfora para describir cómo comienza la transformación cuando no te sientes a gusto: «Debes mirar a la Tierra, observar cómo se mueven las placas, cómo se forman las montañas, cómo comienzan las grietas y de qué manera se forman los agujeros, los cráteres y los cañones. Aprendemos lecciones de la Tierra. Deja que la Tierra te muestre cómo moverte y transformarte, porque la Tierra es un espejo para ti. Todos estos maravillosos paisajes se formaron gracias al cambio. La Tierra está cambiando constantemente, igual que tú».

Muéstrate receptivo ante tu malestar, sin intentar encontrar un atajo para evitarlo ni enmascarar tus sentimientos. Puedes expresar el amor que sientes por ti cuando te permites recibir y aceptar tus emociones. Al mismo tiempo, sé consciente de cómo manejar la energía. Haz una Activación de la Línea cuando necesites equilibrar tu energía de baja vibración y permanece consciente de los mensajes que te muestran el contraste de alta vibración de esta experiencia: lo que puedes aprender y cómo puedes crecer. No siempre tendrás las respuestas, pero en todo momento recibirás aquello que necesitas para dar el siguiente paso y atravesar tu malestar con claridad y alineación. Todo llega exactamente cuando debe llegar.

EJERCICIO: TU HISTORIA DE TRANSFORMACIÓN

1. Encuentra tu momento transformador

Reflexiona sobre tu vida y recuerda un periodo particularmente transformador. Puede ser algo que sucedió en los años del instituto o de la universidad, una experiencia que inició o modificó una trayectoria o algo que has vivido en tu infancia. Es posible que sea un momento importante en el que te expresaste a ti mismo(a) el amor que necesitabas recibir o en el que tomaste una decisión que puso en evidencia que te sentías muy seguro(a) de ti. Incluso podría ser una nueva comprensión o perspectiva que cambió tu opinión sobre ti y sobre tu vida. Confía en lo primero que acuda a tu mente y escribe una descripción de esa transformación en tu diario.

2. Activa tu Línea

Haz una Activación de la Línea. Mientras permaneces en activación, trata de recordar la energía que experimentabas en aquel momento, evocando algunas de las intensas emociones que sentías y todo lo que hiciste (o no hiciste) como respuesta a ellas.

3. Encuentra el patrón energético

En los momentos previos e inmediatamente posteriores a ese periodo transformador, debes haber vivido experiencias de alta y baja vibración muy importantes. Dichas experiencias seguirán el patrón de la energía (alta, baja, alta, baja, etc.), que se inició con el malestar, y pueden ayudarte a percibir incluso la situación más familiar desde una nueva perspectiva de crecimiento del alma y aprendizaje superior.

¿Cuál fue ese momento de malestar en el que comenzó tu transformación? Esto generalmente sucede mucho antes de que tenga lugar el momento transformador. Si no estás muy seguro(a) de cuándo se inició su transformación, activa tu Línea y pide ayuda a tu Ser Superior. Confía en lo que recibes.

Describe en tu diario las principales experiencias de alta y baja vibración, comenzando por el momento en que comenzó tu transformación, y a continuación todas las experiencias importantes que se produjeron posteriormente.

¿De qué manera esta transformación modificó la conciencia de ti mismo(a), cambió una perspectiva, hábito o creencia, o alteró el camino de tu vida?

Opcional: Si tienes dificultades para recordar una experiencia transformadora en tu vida, utiliza las siguientes preguntas, que te ayudarán a comprender cómo responder a las emociones de baja vibración cuando se inicia la transformación. Si no estás conectado(a) con tus sentimientos, puede resultarte difícil percibir cómo y cuándo recibes ayuda para hacer cambios en tu vida o para aprender más sobre ti. Responde las siguientes preguntas con el objetivo de comprender si estás presente en los momentos en que sientes mucha energía o emoción, y de qué manera.

¿Intentas comprender las razones de tus emociones cotidianas?

Cuando sientes muchas emociones fuertes, ¿te anestesias para no reconocer lo que sientes recurriendo a distracciones, sentimientos de culpa o mecanismos impulsados por el ego?

En general, ¿consideras que las situaciones que tienen lugar en tu vida son aleatorias o que son guiadas por lo divino?

Cuando eres consciente de tus emociones, y de la forma que reaccionas ante ellas, eres capaz de percibir que tus acciones pueden conseguir que las cosas parezcan más importantes, más duras o más confusas de lo que son en realidad. Practica concentrar deliberadamente tu mente en cada momento presente, en vez de revivir las experiencias que has tenido o anticipar lo que está por llegar. Este es el primer paso para identificar cuáles son los patrones que representan un obstáculo para aprender de tus emociones y considerar tus experiencias como oportunidades para tu crecimiento.

....

LA HISTORIA DE MI TRANSFORMACIÓN

La transformación puede desarrollarse lentamente a lo largo de varios años, de manera que cuando estás en medio de una experiencia transformadora es probable que no tengas conciencia de ella. Tal vez solo consideres que es un año difícil. Sin embargo, cuando observas las cosas desde arriba, eres capaz de hacer conexiones entre las cosas que has hecho en el pasado que te han conducido al presente y también eres consciente de las oportunidades que te han ofrecido para impulsar tu crecimiento. Como es evidente, es mucho más fácil hacerlo en retrospectiva. Por ese motivo, quiero compartir contigo una de mis historias de transformación para ilustrar cómo se pueden vivir en la vida real los principales picos de energía alta y baja, y también para transmitir que la transformación requiere que observemos nuestra vida sin juzgarla ni avergonzarnos, que afrontemos nuestros miedos y que confiemos en la guía que siempre estamos recibiendo.

Los dos momentos más transformadores en mi vida hasta la fecha han sido el nacimiento de mi hija y mi primer acceso a mis registros akáshicos. Antes de esos dos acontecimientos, hubo épocas de profundos contrastes emocionales, subidas más altas de lo que nunca había sentido, y bajadas más bajas de lo que jamás hubiera considerado posible. Sin embargo, haberlas experimentado representó un paso importante en mi viaje de aprendizaje para llegar a aceptar los dones que había estado ocultando durante toda mi vida y ver mi alma por primera vez. Quiero que comprendas la sanación increíblemente profunda que podemos experimentar cuando nos embarcamos en el camino de retorno hacia la persona que hemos venido aquí para ser.

Durante los primeros treinta años de mi vida no veía realmente a la persona que soy. O, para decirlo más exactamente, no me lo permitía. Me escondía de prácticamente todo aquello que me hace ser quien soy, de cada don singular que mi alma trajo a esta vida. Tenía tanto miedo de mis dones espirituales que durante muchos años hice todo lo que pude para bloquearlos. No quería ninguna parte de ellos y no quería que nadie supiera lo que era capaz de hacer, lo que podía ver, todas esas cosas que me sucedían. Quería estar en la oscuridad y, sin embargo —y como resultado—, tenía miedo de la oscuridad.

Desde que era muy pequeña tuve que luchar con la ansiedad que me provocaba irme a dormir. La noche era el momento más temido, porque era entonces cuando veía cosas, sentía cosas y oía cosas. El mero hecho de pensar que todo eso pudiera suceder me mantenía despierta cada noche, paralizada en mi cama, asustada y ansiosa. Recuerdo que cuando tenía siete u ocho años, el miedo comenzaba a apoderarse de mi mente alrededor de las tres de la tarde y me hacía creer que no sería capaz de dormir por la noche. Era como un bucle que se repetía silenciosamente en el fondo de mi mente una y otra vez: «¿Seré capaz de dormir esta noche? ¿Seré capaz de dormir esta noche? ¿Seré capaz de dormir esta noche?». En esa época mi madre dormía muchas veces conmigo en mi cama, y todo esto se prolongó hasta la primera etapa de mi adolescencia. Mi miedo era tan intenso que ni siquiera fui capaz de comprender mejor mis dones a medida que me iba haciendo mayor; todavía tenía miedo de estar sola por la noche.

Cuando llegué a la adolescencia ya había aprendido a bloquear completamente mis dones. Ya no tenía miedo por las noches como cuando era niña y por primera vez sentí que podía disfrutar de la noche. A menudo salía hasta tarde con amigos y nos tumbábamos en la hierba para mirar las estrellas. Sin saberlo, estaba recibiendo activaciones universales por el mero hecho de contemplar la belleza del cielo estrellado. A pesar de haberme desconectado de mis dones, todavía me sentía atraída por ellos. Era como si mis dones fueran una luz brillante. No podía mirarlos directamente, no estaba preparada. Necesitaba aprender más sobre mí antes de poder trabajar con la energía de baja vibración que mi miedo alimentaba. Pero allí estaba yo, recibiendo sin saberlo la contrastante energía de alta vibración, que me mostraba lo que había al otro lado del miedo. La presencia energética divina que sentía cuando miraba las estrellas era un reflejo de la misma energía que residía dentro de mí.

Mis dones comenzaron a manifestarse más intensamente después de cumplir veinte años y mis miedos nocturnos volvieron a aparecer. En aquella época fallecieron muchas personas que conocía, incluida mi abuela, y empecé a recibir comunicaciones de algunas de ellas, en ciertas ocasiones mientras estaba despierta y regularmente a través de mis sueños. Mi alma me estaba impulsando a aprender más sobre mí misma y mis dones, y a sacar a la luz mi propósito, pero todavía estaba demasiado asustada. Muy pronto empecé a sentir que esos sucesos «sobrenaturales» me agobiaban. No me sentía capaz de hablar con nadie sobre lo que estaba ocurriendo. Comentaba con mis amigos algunos detalles relacionados con mis experiencias, en especial si había tenido sueños en los que ellos estaban involucrados, pero la mayoría de las veces lo mantenía en secreto. Me sentía realmente diferente y no quería llamar la atención. Así que comencé a buscar nuevos mecanismos para afrontar las noches cuando estaba completamente sola.

Alrededor de esa época empecé a fumar cannabis prácticamente todas las noches antes de irme a dormir. Muchas personas utilizan esta planta como un vehículo para abrir su conexión energética, pero yo la utilizaba para no sentir esa conexión. Antes de irme a la cama decía en voz alta: «No quiero ver nada, no quiero experimentar nada. Alejaos, dejadme tranquila». La mayoría de las veces esta combinación funcionaba, y yo me sentía muy agradecida de tener herramientas con las que me tranquilizaba. Sin embargo, no me estaba ocupando de la raíz energética de mis miedos, así que no pasaba mucho tiempo antes de que recayera en un nuevo episodio de ansiedad.

Después de aproximadamente cinco años dejé de fumar cannabis. Ya no le sentaba bien a mi cuerpo. Además, había estado recibiendo mensajes en forma de «pensamientos» (en aquella época no sabía qué eran los mensajes) que me decían que ya no era necesario que el cannabis formara parte de mi vida. Una vez más, mi alma me estaba animando a que me conociera a mí misma, me comprendiera y empezara a trabajar con mis dones. Por supuesto, esto se debía únicamente a que esta nueva herramienta era tan efectiva para calmar mi miedo que me sentí lo suficientemente fuerte como para abandonar ese hábito.

Los mensajes siempre llegaban en el momento oportuno, y dos años más tarde me quedé embarazada de mi hija. Hay momentos durante el embarazo que pueden ser bastante incómodos, y para mí lo fueron todavía más por las noches. Para mi cuerpo en constante cambio, cada noche era un nuevo desafío para encontrar una posición cómoda que me permitiese conciliar el sueño. Pero ese no fue el único motivo por el que me resultaba difícil dormir. Mis sueños eran mucho más activos y mis dones se estaban fortaleciendo como nunca antes lo habían hecho.

Una noche soñé que daba a luz a una niña. Tenía mucho pelo, los ojos muy abiertos y atentos, y una mirada intensa. En el momento que tomé a la niña entre mis brazos, ella me miró fijamente y comenzó a hablarme. Me dijo cuántos años tenía en su vida anterior en el momento de su muerte. Me comunicó el año en el que había fallecido y me mostró una imagen de cómo había sucedido. Continuó diciendo que había estado en un lugar intermedio muy tranquilo, esperando una familia para poder integrarse en ella. Nos había elegido a Ben y a mí para que fuéramos sus padres y afirmó que estaba impaciente por estar con nosotros. Al despertarme supe de inmediato que había conocido el alma de la niña que estaba concibiendo.

En contraste con estas sorprendentes percepciones de mis dones, mi ansiedad volvió a aparecer y me hizo sentir tan energéticamente baja como mis dones me habían hecho sentir energéticamente alta. Sentía que estaba perdiendo el miedo y entrando en un terreno desconocido. No tenía la menor idea de cómo manejar mis habilidades energéticas que estaban desarrollándose rápidamente. Anestesiarme para no sentir esta parte de mí misma ya no era una opción, puesto que ya no consumía alcohol ni cannabis. Poco después de dar a luz a mi hija, me sumergí en la pesadilla más oscura de mi vida: la ansiedad y la depresión posparto.

Mientras me estaba sanando, consulté con un médico especializado en concienciación, prevención y tratamiento de problemas de salud mental relacionados con la maternidad. Me dijo que si experimentas ansiedad o depresión posparto, este síntoma estará conectado con un problema previo (en mi caso se trataba del miedo a la noche y mis dificultades para conciliar el sueño) que se manifiesta a través de episodios difíciles e intensos para que salga a la superficie y quede totalmente al descubierto. La ansiedad y la depresión posparto fueron el inicio de mi despertar y la posibilidad de recordar quién soy a nivel del alma. Aunque fue la experiencia más dolorosa, aterradora y complicada de mi vida, todo aquello de lo que me había estado ocultando y de lo que había intentado escapar se iluminó para que pudiera finalmente empezar a sanar. Mi viaje de sanación comenzó con el malestar generado por las vibraciones del miedo y la desesperanza más bajas que había sentido en toda mi vida.

Durante los primeros siete meses de maternidad experimenté un denso contraste de energía. Sentía un nuevo nivel de amor por mi hija, algo que nunca antes había experimentado, y por primera vez estaba empezando a reconocer que mis habilidades energéticas podían ser un regalo y no una maldición. Sin embargo, ver los nuevos aspectos de mis dones provocó que mi ansiedad alimentara nuevos miedos. Me quedaba tumbada en la cama sollozando, muy asustada y sin poder abrir los ojos. Era como si no consiguiera dejarme llevar. No sabía qué podría experimentar si me dormía. ¿Quién vendría a visitarme? ¿Qué mensajes llegarían a mí desde el otro lado? Finalmente, sentí que me había olvidado completamente de lo que era dormir. Era como un idioma extranjero que no era capaz de hablar. Pero no era el sueño lo que desconocía, sino a mí misma.

Empecé a tomar conciencia de que estaba experimentando ansiedad y depresión posparto, y recuerdo haberle dicho a mi suegra que pasaba toda la noche esperando que llegara la mañana porque solo entonces podía ver con claridad. Por la noche, sentía que nada tenía sentido, ni mis dones, ni mi energía, ni mis miedos. Así que a menudo pasaba la noche despierta esperando que amaneciera, pues ese era el momento en que sentía que podía ver las cosas claramente otra vez.

En aquel momento no era consciente de lo que me estaba pasando y únicamente podía ignorar mis sentimientos durante el día. Tenía un bebé que cuidar, tenía que limpiar la casa, hacer recados, cocinar y hacer ejercicio. Pero por las noches, cuando mi bebé dormía y todo estaba tranquilo y en silencio, tenía que enfrentarme a mí misma y a todo lo que estaba sintiendo, fuera de vibración alta o baja. En esos momentos solo existía yo y mi energía, y no tenía más remedio que lidiar con ello.

Sabía que necesitaba más ayuda para manejar mi ansiedad y poder así investigar más profundamente hacia dónde me estaban guiando, a dónde me estaban haciendo retornar. Llamé a los servicios médicos telefónicos, hablé con enfermeras y una mañana muy temprano después de haber pasado una noche en la que pensé que no iba a conseguir superar lo que estaba sintiendo, solicité que vinieran a casa profesionales encargados de atender situaciones de crisis. Una y otra vez me decían lo mismo: «Eres una madre primeriza; esto es normal. Cuando te adaptes a este cambio de vida tan importante, te sentirás mejor».

Una noche estaba en la cama y después de tener otro ataque de pánico, le susurré a Ben: «No sé cuánto tiempo más podré soportarlo». Y no es que pensara que me iba a morir, lo que me atormentaba era ignorar cómo podía seguir viviendo. Quería huir y no volver jamás. No sabía a dónde ir, simplemente deseaba irme lo más lejos posible para escapar de mí misma. Al día siguiente Ben me llevó a la consulta de otro médico, y por primera vez alguien consideró que mi ansiedad y mi depresión no eran algo que desaparecería sin más. El médico me dijo que lo que experimentaba desafortunadamente era bastante común, pero que había un tratamiento. Cuando me hizo una receta, me sentí tan agradecida y aliviada que recuperé la esperanza por primera vez en muchos meses.

Al principio tomé una medicación ansiolítica que me ayudó a conciliar el sueño. Esto fue efectivo algunas semanas, pero mi ansiedad volvió a recurrir a nuevos miedos que me impedían dormir. Regresé al médico, y me recetó un nuevo fármaco que me ayudó a reequilibrar químicamente mi cuerpo. Poco después de añadir esta medicación a la primera que me había recetado, observé que mi ansiedad remitía. No había desaparecido totalmente, pero ahora era capaz de manejarla y me encontraba en un estado mental y emocional que me permitía ocuparme de la raíz energética de esa ansiedad.

Finalmente, llegué a un punto de mi sanación en el que sentí que mis dones despertaban mi entusiasmo y no mis miedos. Por primera vez en mi vida no permitía que mi ego me mantuviera a salvo haciéndome repetir mis viejos patrones de anestesiarme para no reconocer mis dones. Había conseguido superarlo. Ahora todo era nuevo para mí. La maternidad era algo nuevo. Sanar mi ansiedad era algo nuevo. Nunca antes lo había intentado, ni siquiera había tratado de comprenderlo. Lo único que siempre había querido hacer era escapar.

En cuanto llegué a un período de mi sanación en el que fui capaz de explorar mis dones más profundamente, descubrí los registros akáshicos. Todo sucedió en un momento divinamente oportuno. No podía haber llegado a ese punto sin haber padecido todo ese dolor en el pasado. Sentí que había retornado a mi hogar, a mí misma, que había descubierto cómo recibir información cuando lo deseaba y necesitaba, y que por fin comenzaba a controlar los dones con los que había nacido. Lentamente, a medida que seguía percibiéndome a mí misma, empecé a tener menos miedo de la noche. Me sentía segura, tranquila, y no tenía miedo de acostarme porque ya sabía de qué forma trabajaba mi energía y cómo manejar mis dones. Aprendí y acepté que siento la energía colectiva en lo más profundo de mi ser. Siento los cambios energéticos y las lecciones colectivas que esos cambios suscitan. La medicación me había estabilizado químicamente y también había apuntalado el trabajo del alma que consistía en aceptarme a mí misma y a mis dones. Entonces fui capaz de dejar la medicación y sentirme alineada, fuerte y sana en lo más profundo de mi ser, siendo yo misma.

No obstante, para mi sorpresa, hacia finales de 2019 comencé nuevamente a sentir mucho miedo por las noches. Me quedaba tumbada en la cama, me costaba respirar y entraba en un estado de pánico. Estaba empezando a sentir cómo iba a cambiar el mundo en los próximos meses. Vi personas enfermas. Personas que morían. Percibí que se acercaban muchos cambios importantes, y eso me aterrorizó porque no conseguía entender qué era lo que estaba sucediendo.

La sanación no es lineal. Todo lo que experimentas, incluso los momentos más oscuros que te hacen sentir que has dado cien pasos atrás en tu viaje de sanación, surgen por un motivo específico que está asociado al crecimiento de tu alma. En aquella época, me encontraba en un estado que me permitía aceptar este malestar sin tener miedo de sucumbir a las profundidades de la ansiedad. No me apresuré a escapar de esos sentimientos ni tampoco intenté insensibilizarme para evitarlos. Quería entenderlos. Decidí volver a tomar la medicación para poder gestionar mi energía durante esa época en la que la energía se había acrecentado; así podría estar tranquila por las noches y tener un sueño reparador para disfrutar de la claridad mental, emocional y energética que necesitaba durante el día para procesar mis mensajes e integrar el aprendizaje.

Cuando estaba escribiendo este libro llegué a un punto en el que tenía todas las herramientas y habilidades necesarias para manejar mi energía por mis propios medios. Había cultivado una conexión sagrada con la noche y pasaba horas bajo las auroras boreales danzantes en invierno y bajo la mágica luz centelleante de las luciérnagas en verano. Ya no tengo miedo de la noche, porque ya no tengo miedo de mí misma. Esto me ayuda a confiar y abrirme para experimentar serenamente las emociones contrapuestas que a veces despiertan mis dones, a sabiendas de que cada situación que vivo es para mi crecimiento espiritual y la evolución de mi alma, y que con el paso del tiempo la energía que estoy sintiendo pasará.

Es muy común sentir mucha energía divergente, especialmente miedo, cuando estás despertando a la conexión con tu alma. El hecho de entregarte para ser guiado por tus mensajes puede despertar temores. Ignoras qué es lo que va a llegar a tu vida o con qué parte de ti deberás confrontarte. Recuerda en todo momento que cuando te encuentras con una energía de baja vibración, al mismo tiempo estás recibiendo mensajes que te indican el próximo paso que debes dar en tu viaje. A través de todas las emociones contrapuestas y de las experiencias que implican grandes desafíos, estás descubriendo todas las capas que hay en tu interior. Ya no te ocultas. Tu transformación comienza con el malestar, pero te conduce hacia el aprendizaje más hermoso, hacia el crecimiento y la evolución de tu alma. Cada momento es una oportunidad para percibir algo nuevo en ti.

CAPÍTULO 8

EL ESPACIO DEL MIEDO

*Hay una fuente de nueva energía a cada paso. Tú adviertes
que estás transformándote. Adviertes que estás cambiando.
Como una oruga que se introduce reptando en un capullo
y luego sale convertida en mariposa. Esto es lo que está
sucediendo, y tú lo sientes. ¿Acaso no es hermoso? ¿No es
maravilloso aspirar el aire fresco de una forma diferente,
inhalar una bocanada de ese oxígeno y sentir que reviste tus
pulmones de una forma completamente nueva? Esto te ofrece
un sentido de la vida que nunca antes has experimentado.*

–EL PINÁCULO

Tu Línea no solo te ofrece mensajes. Cuando te alineas con esta frecuencia, puedes sentirte aliviado de la intensa energía de tu cuerpo y encontrar una perspectiva relajante que te ayude a considerar cada experiencia y emoción por lo que pueden enseñarte acerca de ti y del crecimiento de tu alma. Este estado se conoce como el Espacio Intermedio. Es como una bocanada de aire fresco cuando te parece que la energía pesada de una situación nunca se elevará o cuando te resulta difícil descubrir cuál es tu próximo paso. Algunas veces todo lo que necesitas es un cambio de tu energía para percibir las cosas de un modo diferente: oportunidades en vez de retos, inicios en vez de conclusiones o amor en lugar de miedo. Tu Espacio Intermedio te ofrece esta perspectiva.

Puedes pensar en él como el punto intermedio entre las frecuencias energéticas altas y bajas que experimentas. No quieres escapar de tus emociones, lo que quieres es entenderlas y aprender de ellas. Sin embargo, en algunas ocasiones la energía es tan intensa que resulta complicado apartarte momentáneamente de tus emociones para poder reconocer lo que estás sintiendo y saber por qué ha cambiado tu energía. Tienes opciones en cualquier circunstancia: puedes dejar que tu experiencia cambie tu energía o puedes utilizar tu energía para cambiar tu experiencia.

Activar tu Línea modifica tu energía, y tu Línea te lleva nuevamente al amor que fluye a través de ti. Recibes ayuda, y tus mensajes te darán la orientación que necesitas para sentir de una forma diferente y responder desde tu alineación a cualquier situación que se presente en tu vida. Cuando estás en baja vibración, puedes utilizar tu Espacio Intermedio para encontrar la vibración alta del amor y del apoyo, y la disposición a aprender lo que esta energía puede enseñarte. Y cuando sientes una vibración alta, puedes utilizarla para comprobar lo que has aprendido en una experiencia de baja vibración que te ha ayudado a llegar hasta aquí. El Espacio Intermedio te ayudará a establecer conexiones entre lo que sientes y las principales oportunidades de aprendizaje y crecimiento que tienes ante ti. Esto cambia la forma en que experimentas la energía, incluso las emociones difíciles que encuentras a tu paso.

Tu Espacio Intermedio también te ayudará a traer el amor a cualquier situación. En vez de juzgar a alguien (o a ti mismo), podrás ver las razones energéticas para sus acciones. No tienes que estar de acuerdo necesariamente con lo que ha dicho o hecho, pero puedes comprender la energía a la que esa persona estaba reaccionando (aun cuando ni siquiera se haya dado cuenta). Esto puede ayudarte a no reaccionar de la forma habitual y encontrar un modo diferente de responder desde la energía que quieres alimentar en tu interior.

Necesitas práctica para entregarte a la frecuencia de tu Línea y permitirle que cambie tu energía. Concéntrate en tu estado emocional antes de activar tu Línea y presta atención a cualquier cambio que sientas en tu cuerpo mientras estás realizando la activación. Si antes te sentías ansioso, ahora te sentirás tranquilo. Si te sentías solo, te sentirás respaldado. Es un reinicio energético que te lleva de vuelta a la frecuencia básica del amor divino que fluye a través de tu Línea.

OBSERVA Y LIBÉRATE

Has venido a esta vida para sentir una amplia gama de emociones humanas. Utilizas brevemente estas emociones cuando las sientes, pero ellas no son tú. Puedes dejarlas marchar tan fácilmente como las has invitado a tu vida (o ellas se invitan solas). Tu Espacio Intermedio puede ayudarte a observar tus emociones además de sentirlas, para que puedas aprender lo que han venido a enseñarte y luego las dejes marchar.

¿Estás enfadado, celoso, ansioso o apático? Reconoce tus emociones, pero comprende que no tienes que dejarte abatir por ellas. Puedes sentir cualquier emoción sin dejar que te controle. Vuelve a tu Espacio Intermedio y considera que esa emoción es energía, lo mismo que eres tú.

Tu alma quiere moverse, pero tu ego quiere que permanezcas inmóvil, incluso en presencia de emociones desagradables. Luego intentará decirte que tus emociones están fuera de tu control, que lo que estás sintiendo es culpa de otra persona o que constantemente te sentirás de ese modo.

Tu Espacio Intermedio es como dar un paso fuera de ti mismo para tener una visión más amplia de lo que está sucediendo. Toda la energía se mueve en ondas, grandes o pequeñas, altas o bajas; y toda la energía pasa. Cuando estás en tu Espacio Intermedio puedes ver que la energía se acerca de la misma forma que se acerca una tormenta; sabes que pasará igual que las nubes se despejan después de la lluvia. Mientras tanto, ¿qué puedes aprender de todo esto? ¿Cómo puedes crecer a partir de esta experiencia? ¿Puedes encontrar el contraste de alta vibración y transitar esa experiencia con mayor equilibrio emocional?

Si te dejas guiar por tus mensajes, encontrarás nuevas situaciones en las que experimentarás la nueva energía que acompaña a tus acciones. En estas épocas es frecuente que te sientas agobiado por todo lo que estás aprendiendo y sintiendo. Tu Espacio Intermedio te ayuda a percibir todo lo que estás diciendo, haciendo y pensando a través del efecto energético que tiene sobre ti y sobre las personas que te rodean. ¿Cómo afectan las emociones a tus hábitos? ¿Cómo consigue tu baja autoestima ponerte difícil que expreses el amor que sientes por ti y que necesitas para procesar la energía? ¿Cómo estás proyectando tus inseguridades en los demás? ¿Cómo intenta tu ego evitar que introduzcas cambios positivos en tu vida?

Tu Espacio Intermedio emite una luz cuando no estás expresando el amor que fluye a través de ti y te ayuda a percibir los pequeños cambios que puedes hacer para sentirte diferente, para amarte y para creer y confiar en ti. La sanación comienza por sentir gratitud por los momentos difíciles que se presentan en tu vida, porque es en esos momentos cuando recibes oportunidades tan hermosas como difíciles, para aprender más sobre ti. Tu crecimiento hace que el amor que sientes por tu propia persona y el amor con el que te presentas en el mundo cada día de tu vida sean cada vez más profundos.

Habrá épocas en las que te resultará difícil encontrar esta gratitud o sentir que has reconquistado el equilibrio en tu Espacio Intermedio. La energía de una situación puede hacerte pensar que las activaciones de tu Línea no están siendo efectivas, porque lo único que sientes es un ligero y breve cambio en tu energía o incluso porque tal vez no sientes ningún cambio en absoluto. Es posible que dudes de tus mensajes tan rápidamente como llegan a ti o quizás no confías en que pueden modificar la forma en que te sientes. Durante estas épocas, sobre todo y ante todo, es importante que puedas manifestarte tu amor, haciendo cualquier cosa que active tu corazón. Tu Línea está siempre a tu disposición, y el cambio que sientes cuando estás en activación sirve para recordarte que siempre puedes cambiar tu frecuencia, aunque solo sea por unos pocos segundos.

También hay muchas formas diferentes de cambiar tu energía sin activar tu Línea. Puedes utilizar tus puntos de activación conectándote con la Tierra o mirando las estrellas, cantando una canción o un cántico que eleve tu ánimo, diciendo una oración para Dios o el Universo, o recitando el mantra del amor a ti mismo que has recibido en el ejercicio «Tu lista de amor», en la página 122. Haz cualquier cosa que te proporcione placer, para concentrarte en algo que esté alejado de la situación presente. Cuando te sientas más respaldado, alineado o amado, puedes volver a reflexionar sobre cómo te sentías y aprender cuáles son las lecciones sobre ti que tus emociones te estaban enseñando y qué es lo que necesitas para permanecer en alineación.

Una Activación de la Línea no fija permanentemente tu frecuencia a la energía de tu Línea, porque la energía está siempre en movimiento. Y nosotros, por ser seres energéticos, nos movemos junto con ella. Se supone que debemos sentir todas y cada una de nuestras emociones, pero tu Espacio Intermedio es otra herramienta que puedes utilizar para percibir cada experiencia como una oportunidad de aprendizaje diseñada para apuntalar la conciencia y el crecimiento de tu alma.

....

EJERCICIO: EL ESPACIO INTERMEDIO DE TU TRANSFORMACIÓN

El Espacio Intermedio es algo que necesitas experimentar por ti mismo(a) para comprender plenamente cómo puedes emplearlo en tu vida cotidiana. En este ejercicio vas a utilizar la perspectiva que te ofrece tu Espacio Intermedio para reflexionar acerca del período transformador de tu vida sobre el que has escrito en el capítulo anterior.

Ten en cuenta que en este ejercicio tendrás que asumir toda la responsabilidad de tus acciones y reconocer que ellas, junto con la energía que tenías en esos momentos, han moldeado tus experiencias. No necesitas avergonzarte, sentirte culpable ni preocuparte por recibir un castigo de Dios o del Universo por la forma en que has reaccionado ante tu energía. Por el contrario, ámate por cada cosa que haya sucedido y acéptala con gratitud porque forma parte del viaje que te ha traído hasta aquí. Todo esto es para tu aprendizaje y crecimiento.

Si necesitas ayuda para dejar de juzgar, o para aceptar la responsabilidad de tus actos, ábrete a las nuevas historias que puedes contar sobre ti. Los juicios te impiden avanzar en tu evolución y aceptar responsabilidades te empodera para aprender. Sé receptivo(a) a todo aquello que se presenta en tu vida a través de tu Ser Superior. Todos los mensajes que recibes son enviados con amor, incluso si eso significa admitir que podrías haber transitado una determinada situación con más calma y mejor perspectiva.

1. Activa tu Línea

Comienza haciendo una Activación de la Línea y presta especial atención a cómo se modifica tu energía mientras permaneces en activación. Es posible que lo experimentes como un cambio en tus pensamientos o en tu estado de ánimo o como sensaciones corporales.

2. Utiliza tu Espacio Intermedio

Mientras permaneces en activación, recuerda momentos importantes de la experiencia transformadora sobre la que has escrito en el capítulo anterior. Utiliza tu Espacio Intermedio para ser amable y sincero(a) contigo, mientras reflexionas sobre cómo has gestionado tus emociones durante esos momentos. ¿Te sentías perdido(a) en las ondas de la energía alta y baja, o intentabas tener una perspectiva más amplia de lo que estaba ocurriendo? Si necesitas ayuda, pregúntale a tu Ser Superior: «¿Cómo gestioné mi energía durante esos momentos?».

3. Diario

Ahora que ya has utilizado tu Espacio Intermedio para tener una perspectiva diferente, responde a las siguientes preguntas en tu diario:

¿Cómo siento que es mi Espacio Intermedio?

¿Lo he utilizado durante el período transformador de mi vida, aunque no me haya dado cuenta?

¿Qué hábitos, patrones o creencias condicionadas referidas a mi propia persona me han impedido ver cosas en mi Espacio Intermedio?

Además de hacer una Activación de la Línea, ¿de qué otra forma puedo cambiar mi energía para encontrar mi Espacio Intermedio?

Opcional: Muchas personas de nuestra comunidad han afirmado que pueden cambiar su frecuencia y encontrar su Espacio Intermedio haciendo cosas tan simples como puede ser respirar profundamente, salir a dar un paseo o escuchar una canción que les encanta. Como ya he comentado en capítulos anteriores, recitar un mantra mientras te miras en el espejo es una experiencia increíblemente potente. Si sientes que esto puede ser una herramienta útil para ti, durante una Activación de la Línea pide a tu Ser Superior un mantra que puedas utilizar para encontrar rápidamente tu Espacio Intermedio. Escribe este mantra y recítalo todos los días, al menos una vez al día, para que te ayude a familiarizarte con la frecuencia del Espacio Intermedio.

....

DESDE TU ESPACIO INTERMEDIO PUEDES VER UN NUEVO CAMINO ANTE TI

Cuando me quedé embarazada de mi hija, estaba trabajando en *marketing* de redes sociales. Al contarle a mi jefe que estaba encinta me ofreció dos opciones: renunciar a mi baja por maternidad después de tres meses y volver al trabajo, o aceptar el periodo completo de baja por maternidad y ya no tener un trabajo al que volver. En Canadá hay protección legal para las mujeres embarazadas que les garantiza que tendrán un trabajo después de disfrutar de su baja por maternidad durante doce meses. Sin embargo, mi jefe me comunicó que debido a mi situación contractual, ellos no tenían ninguna obligación de reservarme mi puesto de trabajo después de que acabara mi baja por maternidad. Eso no me pareció justo. Sentí que estaba siendo discriminada por mi futura maternidad, pero también sabía que las condiciones contractuales, incluso aquellas como la que yo tenía que se renuevan año tras año sin conversaciones formales entre el empleador y el empleado, eran lo suficientemente ambiguas como para que pudieran llegar a plantear un caso legítimamente justificado.

Me sentí furiosa y dejé que esa rabia me arrastrara hasta un espacio de vibración muy baja donde el miedo, y más tarde el pánico, comenzaron a dominarme. Ben y yo dependíamos de mis ingresos y de los suyos para poder cubrir todos nuestros gastos, por no mencionar los gastos adicionales que tendríamos para criar a nuestra hija. ¿Cómo los íbamos a afrontar?

Me encontré con él en una cafetería una hora después de que mi jefe me dijera cuál era la situación. «¿Qué vamos a hacer?», le pregunté bañada en lágrimas.

Si hubiera manejado mi energía de una forma diferente, habría estado más receptiva a los mensajes que estaba recibiendo y que me decían que confiara en lo que estaba ocurriendo, pues todo sucedía por mi propio crecimiento. En lugar de hacerlo, mi obsesión por encontrar una salida que me permitiera conservar mi trabajo y disfrutar de mi baja por maternidad completa me llevó a solicitar asesoramiento legal. Me puse en contacto con un par de abogados y durante algunos días consideré la posibilidad de iniciar acciones legales contra mi jefe. En todo ese proceso estaba en un constante estado de estrés y ansiedad, que en circunstancias normales no era como quería sentirme y, por otra parte, todo lo que yo sentía también lo sentía mi bebé. Aquello no era sano para ninguna de las dos.

Después de una semana de deliberaciones, de repasar la situación mentalmente una y otra vez, alimentando el estrés, la rabia y el miedo, y permitiendo que fueran en aumento, recibí un mensaje a través de mi Línea: «Abandona. Déjalo ir. Todo saldrá bien». Eso era un contraste con todo lo que estaba sintiendo. Mi ego era una fuerza que me impulsaba a luchar por mi trabajo. Estaba intentando mantenerme a salvo, haciendo que todo permaneciera igual. Pero la energía de alta vibración que acompañaba a la confianza, la aceptación y la gratitud que llegaban a través de mi Línea me ayudaron a considerar esa experiencia como una oportunidad para hacer las cosas de una forma diferente, para vivir de una forma distinta.

Siempre había querido trabajar por mi cuenta, y ahora tenía la oportunidad de hacerlo. Y aunque no tenía la menor idea de cómo iba a ganar dinero, sentí que algo superior a mí me estaba apoyando. Estaba preparada para dar ese paso. Con una exhalación profunda y una repentina confianza en mí misma y en mis mensajes, acepté el periodo completo de mi baja maternal y renuncié a mi trabajo.

Había encontrado mi Espacio Intermedio, que me ayudó a ver que un nuevo camino se abría delante de mí. Aunque esto no modificó inmediatamente mi situación ni eliminó otras emociones de baja vibración o algunas experiencias difíciles a lo largo de ese viaje, lo que sí cambió fue mi perspectiva. Y ese fue otro paso importante para confiar en que mis mensajes me estaban guiando por un nuevo camino de retorno a mí misma.

Encontrar tu Espacio Intermedio es una práctica para toda la vida y, como todas las prácticas, te sentirás mejor cuanto más trabajes con ella. Mientras comienzas a familiarizarte con la frecuencia de tu Línea, no debes esperar encontrarte en tu Espacio Intermedio en todas las situaciones en las que sientas que la energía es difícil. Habrá días, semanas o meses a lo largo de tu viaje en los que te sentirás más desalineado que alineado. Y no hay nada malo en esto. Enfoca esos momentos amándote y acepta que siempre hay algo que puedes aprender. Algunas veces necesitas actuar fuera de alineación, para poder aprender qué es lo que necesitas para estar en alineación. Tal vez tengas que sentirte completamente perdido para volver a descubrirte. Cuando sientas que has perdido el rumbo, y que no sabes quién eres ni a dónde vas, utiliza tu Espacio Intermedio para aprender lo que esa situación te está enseñando sobre ti mismo y cuál debería ser tu próximo paso. Esta es la forma de transitar el camino del crecimiento y la transformación.

CAPÍTULO 9

LA LUZ DE TU ALMA

La oscuridad es un espacio de conocimiento porque cuando no hay distracciones provocadas por luces radiantes y un conocimiento tan brillante, la verdad queda expuesta y se revela para ti. Dentro de ti siempre hay destellos de luz que te ayudan a retornar a tu hogar, a ti mismo. No tengas miedo de la oscuridad.

—EL PINÁCULO

Cada día que utilizas tu Línea, cada momento en el que actúas de acuerdo con un mensaje, aprendes un poco más acerca de tu alma, encuentras tu Espacio Intermedio o percibes la energía contrastante de la situación que estás viviendo. Con el tiempo, las conexiones que estableces entre todo lo que has aprendido te revelarán las nuevas formas con las que tu alma desea expresarse. Estos descubrimientos completan la representación de tu ser alineado y contribuye a que veas lo que tu alma ha traído a esta vida para ayudarte a vivir con esta versión de ti mismo. Tu vida no es aleatoria. Tú no eres un accidente. Estás aquí por una razón, y has venido a esta vida con dones, propósitos únicos y lecciones para aprender, con el fin de poder impregnar todo lo que haces con la belleza de tu alma. Cuando utilizas uno de tus dones, aprendes algo de una de las lecciones de tu alma, expresas tus propósitos, sientes una chispa de luz dentro de ti. Sigue esta luz; es tu alma que brilla para que todos la vean. Te está guiando para retornar a casa, a ti mismo.

Tus dones, tu propósito y tus lecciones trabajan de forma conjunta en esta vida para ofrecerte revelaciones sin precedente sobre la persona que eres. Tus dones te iluminarán e iluminarán a quienes te rodean; no han sido diseñados para que los conserves únicamente para ti mismo. Tus dones te brindan amor, libertad y alegría, y cuando los compartes con otras personas ellas también reciben ese amor, esa libertad y esa alegría. Cuando los utilices, experimentarás una profunda sensación de alineación y podrás aprender de qué forma te ayudan a expresar tu propósito en esta vida.

Tu propósito es la expresión plena de tu alma. Es la forma en que tu alma desea moverse en la vida. A lo largo de tu existencia tendrás muchos propósitos, porque estás constantemente aprendiendo, creciendo y evolucionando, y cada propósito está arraigado en el amor divino y la sanación colectiva.

Tu propósito más importante es vivir esta vida de un modo simple y profundo. El Pináculo ha dicho que estás aquí, en este cuerpo físico, para sentir emociones y aprender de tus experiencias. Así es como creces y así es como tu alma evoluciona. Comparto esto contigo porque solemos dar por sentada esta existencia y nos olvidamos de que el motivo por el cual estamos aquí es aprender a vivir como un ser humano, comprender la profundidad de nuestras emociones y percibir la razón principal de cada experiencia. Vive con curiosidad, con una actitud abierta, siempre dispuesto a aprender. Cuando aprendes, creces. Cuando creces, coincides con la expresión de tu alma.

No puedes hacer realidad tu propósito sin utilizar tus dones. Si tienes inseguridades o miedos relacionados con ellos, o no crees que tus dones puedan servir de ayuda a nadie, ten en cuenta que estos sentimientos pueden tener su raíz en alguna de las lecciones que llegan a ti para ayudarte a crecer como persona y favorecer la evolución de tu alma.

Tus dones, tu propósito y tus lecciones están entrelazados, y no hay un orden fijo para que empieces a descubrirlos. Al principio puede resultar confuso e incluso un poco agobiante tratar de desentrañarlos, pero si de algo puedes estar seguro es de que los tienes. Al abrir tu conciencia a esta parte de tu alma comenzarás a aprender un poco más cada día.

TUS DONES TE ILUMINAN Y BRILLAN EN EL MUNDO

Eres absolutamente único, igual que un copo de nieve, y también lo son tus dones. Aunque compartas el mismo don con otras personas, como puede ser el don de la comunicación, no lo expresas del mismo modo que los demás. Cuando utilizas tus dones, empiezas a recuperarte y a sentirte bien. Te sientes alineado. Tu alma trajo tus dones a esta vida para que los compartas libremente con el mundo. Tus dones te hacen salir al mundo. Cuando los utilizas, estás iluminándote y, al mismo tiempo, estás iluminando a todas las personas que te rodean.

No hay ninguna razón para que sea difícil encontrar tus dones dentro de ti. Lo más probable es que ya estés empleando alguno de ellos, pero te resulta tan familiar que no eres capaz de reconocerlo. Por ejemplo, si tienes el don de encontrar la belleza en todo lo que ves, puedes expresarlo de muchas maneras, como puede ser simplemente percibir la armoniosa belleza cotidiana del mundo natural que otros no advierten, paladear una comida con cuidado y esmero, moverte con tu estilo de moda personal o diseñar páginas web. Lo que une a estas diferentes expresiones es la energía que sientes cuando estás utilizando tu don.

Tus dones cambian tu frecuencia en alineación con tu Línea y expresan una parte de tu alma que quiere brillar. Te ofrecen una conexión a nivel del alma, y el amor con el que luego te alineas resuena en lo más profundo de ti y se irradia hacia todas las personas de tu entorno. Cuando percibes tus dones, no solo estás materializando una parte de ti, también estás ayudando a todos los que te rodean. La luz de tu alma será como un espejo para que otros puedan ver la luz que hay en su interior. Ellos verán tus dones y se sentirán inspirados para encontrar los suyos, para poder brillar con la misma intensidad.

Hay muchas personas en nuestra comunidad, incluyendo a Ben, que tienen el don de la expresión creativa. Para muchas de ellas, uno de sus dones está relacionado con una habilidad creativa específica, como puede ser la música, la pintura, la fotografía o la escritura. Pero la creatividad no se limita a las artes. Puedes ser creativo en la forma en que expresas tu cariño a tus amigos o en los recursos que utilizas para resolver problemas. La energía que sientes cuando estás expresando tus dones también puede ayudarte a descubrir en qué otras áreas de tu vida puedes usarlos o incluso a identificar otros dones que han pasado desapercibidos.

Tú tienes muchos dones, y en distintos momentos a lo largo de tu vida se activarán dones diferentes, porque han sido concebidos para ayudarte durante determinadas etapas de tu viaje. Es posible que ya tengas una idea de cuáles son algunos de esos dones o quizás nunca hayas considerado que tus cualidades singulares en realidad son dones de tu alma. Es muy común que los miembros de nuestra comunidad perciban sus dones por primera vez durante una experiencia transformadora, como ya he comentado en el capítulo siete. Estas son épocas de mucho aprendizaje y contraste energético en las que puedes percibir que algunas cosas que antes considerabas normales en verdad son especiales y únicas para ti. Tus dones pueden ayudarte a sentir tanto el contraste de alta vibración como la experiencia de baja vibración de las circunstancias que estás experimentando.

El único don que no necesitas cuestionarte es el don de recibir mensajes a través de tu Línea. Has nacido con esta capacidad porque tienes alma. Recibir mensajes es tu derecho por nacimiento. Siempre estás recibiendo mensajes, incluso aunque no seas consciente de ellos, y son esos mensajes los que te permitirán descubrir los dones que tienes.

En todas las cosas hay contrastes, incluyendo tus dones. Puedes utilizarlos exclusivamente para tu propio beneficio o para propagar una energía de baja vibración. Si tienes el don de la comunicación, puedes hacer circular rumores, calumnias o mentiras, y debido a tu don será muy fácil que los demás te crean. Sin embargo, con esa actitud no sentirás esa chispa de luz en tu interior. También puedes utilizar tus dones para ayudar a otras personas, pero no para ayudarte a ti mismo. Si uno de tus dones es tener espacio para los demás, puedes tener demasiados compromisos con tus amigos, familiares o compañeros de trabajo, y llegar a sentirte energéticamente agotado porque estás dando demasiado de ti mismo. Tampoco sentirás esa chispa de luz dentro de ti si el equilibrio energético resultante es del cero por ciento. Puedes evitar este tipo de situaciones, tomando conciencia de tu intención a la hora de utilizar tus dones. ¿Qué energía sientes en esos momentos? ¿Está esa energía alineada con tu Ser Superior?

LA LUZ DE TU ALMA

Tus dones han sido concebidos para ayudarte a que salgas al mundo; al utilizarlos aprendes más acerca de ellos, y también aprendes que tu alma quiere expresarlos de la manera adecuada. Si haces algo que solamente te ilumina a *ti*, o lo haces únicamente en beneficio de los *demás*, puede suceder que no se trate de un don, que el intercambio energético no sea equilibrado o que no consigas utilizar bien tu talento. Tendrás que aprender mucho más sobre la forma de emplear tus dones en esta situación.

Tal como sucede con tus mensajes, tus dones también te hacen vivir experiencias desagradables en las que debes confrontarte con tus miedos, dudas o inseguridades. Todas ellas son oportunidades para aprender más sobre las lecciones del alma que están conectadas con tus dones y de las que me ocuparé después del siguiente ejercicio.

....

EJERCICIO: APRENDER A VER TUS DONES

Este ejercicio te iniciará en el descubrimiento de tus dones a través de la observación de las actividades que te dan placer, de la comprensión de la energía que sientes cuando las haces y del aprendizaje necesario para compartirlas con otras personas. Cuando termines este ejercicio, mantente receptivo(a) para llegar a considerar que todas esas cosas que parecen ser tu segunda naturaleza son dones potenciales.

1. Activa tu línea

Haz una Activación de la Línea. Mientras permaneces en activación, siente el amor divino que fluye a través de ti. Percibe el amor que sientes por ti. Tú eres especial, y hay cosas que puedes hacer de una forma que ninguna otra persona podría hacer. Cuando estés preparado(a), formula la siguiente pregunta a tu Ser Superior:

¿Qué capacidades y habilidades son naturales en mí?

2. Diario

Responde y apunta las siguientes preguntas en tu diario:

¿Cómo te sientes cuando utilizas estas habilidades o capacidades?

¿Cómo utilizas estas capacidades o cualidades en tu vida actual?

¿De qué formas diferentes puedes utilizar estas capacidades y habilidades en beneficio de otros y en el tuyo propio?

Opcional: Si sientes que no has recibido ningún mensaje durante tu Activación de la Línea o que han sido tan rápidos que dudaste de haberlos recibido, revisa la lista de amor que has creado en el ejercicio «Tu lista de amor», en la página 122. ¿Hay algo en esta lista que represente una habilidad natural para ti? También puedes pedir a tu Ser Superior un mantra de amor por ti, para que te ayude a verte como la persona única y talentosa que eres. Recita este mantra mientras te miras en el espejo. Cuando estés preparado(a), activa tu Línea otra vez y repite la pregunta del paso 1 de este ejercicio.

....

TUS LECCIONES DE CRECIMIENTO Y EVOLUCIÓN

Cuando actúas de acuerdo con los mensajes que te conducen a nuevas oportunidades o te enseñan formas diferentes de utilizar tus dones, vives situaciones en las que puedes sentir malestares energéticos cada vez mayores que están relacionados con la evolución de tu alma y, en ocasiones, esto puede dar lugar a un proceso un poco doloroso. Estos malestares crecientes se conocen como tus lecciones. Tu alma los trajo a esta vida para que aprendas de ellos con el fin de fomentar tu evolución espiritual, pero además para que puedas ver que todo lo que te convierte en una persona única, incluidos tus dones, está conectado con otras vidas y experiencias de tu alma. Pero tu alma también tiene otra forma de expresar su ser multidimensional. Cuando tomas conciencia de tus lecciones puedes utilizar tu Línea para aprender qué es lo que te enseñan sobre ti y cómo puedes utilizar la energía de alta vibración de tus mensajes para gestionar la energía de baja vibración que suscitan dentro de ti.

Si alguna vez has sentido que fracasas constantemente en algún cometido, si aparecen miedos recurrentes en tu mente, si las razones para no confiar en ti o no quererte han sido siempre las mismas, es posible que ya hayas experimentado una de tus lecciones. A lo largo de tu vida se te ofrecerán muchas oportunidades para que tomes nota de tus lecciones, y todo lo que aprendes te enriquece porque te permite comprender por qué tienes esos miedos, por qué tienes problemas para manifestar tu amor por ti mismo, por qué dudas de tus mensajes, por qué no crees en ti, por qué sientes celos, por qué te irritas rápidamente o por qué alimentas resentimientos. La vida está llena de experiencias contrastantes, y tus lecciones también lo son. Con estas lecciones puedes experimentar las bajas vibraciones de las heridas del alma y también la sanación de alta vibración que surge al aprender de ellas.

Tus lecciones se manifestarán en tu vida como situaciones, dilemas o desafíos familiares (sentirte emocional o energéticamente inquieto, reincidir en patrones y hábitos dañinos, etc.) mientras estás luchando por superar momentos difíciles y por manejar la energía de baja vibración que te aparta de tu alineación. Las circunstancias específicas de tus lecciones parecerán diferentes a medida que avances en la vida, pero la energía de las lecciones seguirá siendo la misma. Cuando comiences a entender el significado de tus lecciones, podrás preguntarte por qué la energía de esas lecciones ha surgido en ese momento en particular. ¿Qué estabas haciendo, pensando y diciendo? ¿Hubo algo que te alteró, te preocupó o te asustó? ¿Qué conexiones hay entre lo que está pasando en tu vida física y lo que está sucediendo en tu cuerpo energético? Estas conexiones te ayudarán a comprender lo que tus lecciones están enseñándote sobre ti mismo.

Es muy habitual sentir las lecciones como un miedo específico. El Pináculo ha dicho que tus miedos se originan en una de las otras vidas de tu alma (o en muchas) y se presentan ante ti en esta vida para que las sanes, como pudimos ver en el ejemplo del quiste de Ben. Si reconoces que una de tus lecciones se relaciona con uno de tus miedos, podrás llegar a considerar un momento complicado como una oportunidad para aprender más sobre esta lección y además reflexionar sobre la forma en que has manejado ese miedo en el pasado —y sobre las conexiones que has hecho entre esta vida y las raíces energéticas de ese miedo que procede de otras vidas de tu alma— y aceptar que los mensajes te están guiando para que transites este momento sin perder tu alineación.

Tus mensajes te guiarán a través de las experiencias que tendrás con tus lecciones, ofreciéndote consejos prácticos que puedes probar de inmediato. A pesar de que actuar de acuerdo con tus mensajes no elimina la energía de baja vibración, al hacerlo notarás un contraste de alta vibración que te muestra lo que hay al otro lado de esta experiencia: crecimiento, aprendizaje y una conexión más profunda con tu alma y con tu Ser Superior. Aun cuando seas consciente del motivo por el cual se produce una determinada experiencia, puede suceder que no te encuentres a gusto o sientas dolores energéticos. En algunas ocasiones tu alma necesita sentir malestar para aprender y crecer.

Cuando la energía de baja vibración es muy intensa y absorbente, encuentra tu Espacio Intermedio para recordarte a ti mismo que la energía siempre está en movimiento. De la misma manera que has modificado tu frecuencia para alinearte con la frecuencia de tu Línea, también puedes cambiar la energía de esta situación. Sin embargo, si te resulta demasiado difícil actuar de acuerdo con tus mensajes o si debido a la energía imperante encuentras muy complicado encontrar tu Espacio Intermedio para percibir esta situación desde arriba, lo más importante es que te ames por estar aquí, por estar haciendo este trabajo y por tu intención de aprender más acerca de tus lecciones. No obstante, también son importantes todas las cosas hermosas, y a la vez difíciles, que te convierten en el alma singular que eres. Tú eres amor; y ese amor está fluyendo a través de ti.

Imagina que estás conduciendo un coche en plena lluvia. La carretera representa tu Línea y las gotas de lluvia son tus lecciones. Cuando la lluvia arrecia, te resulta cada vez más difícil ver la carretera, así que puedes concentrarte en las gotas de agua que cubren el parabrisas o mirar a través de ellas para enfocar tu mente en la carretera. Cuando trabajas con tus lecciones, es importante que prestes atención a tu Línea, porque a través de ella recibes la orientación para transitar estas experiencias con conciencia y amor. Cuando experimentas tus lecciones en alineación con tus mensajes, es como si crearas limpiaparabrisas espirituales. Así ayudas a eliminar la lluvia, que representa la energía de baja vibración, y pronto descubres que eres capaz de soportar la peor de las tormentas sin perder la alineación.

No puedes superar plenamente tus lecciones, no puedes dejarlas atrás. No constituyen un examen cuyo resultado determinará que progreses o, por el contrario, fracases y tengas que repetirlo. El trabajo del alma es un viaje para toda la vida, tus lecciones estarán contigo a lo largo de toda tu existencia, para que puedas aprender todo lo que necesitas saber sobre el deseo de tu alma de crecer y evolucionar en esta vida. Tus lecciones no son un castigo de Dios ni del Universo por algo que has hecho o has dejado de hacer. No son algo que tú has «convocado». Tus lecciones son hermosas y, con frecuencia, representan un desafío; son oportunidades para aprender más de tu alma-ser. De la misma forma, tú tampoco eres castigado por Dios ni por el Universo por todo lo que has aprendido o no has aprendido de tus lecciones.

Cada vez que he comunicado a los miembros de nuestra comunidad que sus lecciones siempre estarán con ellos, se han sentido profundamente decepcionados y vencidos. Si sientes lo mismo, te aliviará saber que comprenderás mejor la energía de tus lecciones cuanto más las experimentes. Esto facilitará que percibas cada nueva experiencia desde lo alto, que comprendas la importancia energética del momento en el que surgen estas oportunidades, que aprendas a gestionar tus reacciones emocionales ante esta energía y que seas capaz de distinguir lo que esa experiencia en particular te está enseñando sobre ti y sobre tu alma. Cada experiencia te parecerá ligeramente diferente, pero no olvides que siempre estás conectado con tu Ser Superior y con los mensajes de amor, apoyo y guía que te ayudan a atravesar cualquier situación.

EJERCICIO: LAS LECCIONES DE TU TRANSFORMACIÓN

Vuelve al momento transformador que has descrito en tu diario en los dos capítulos anteriores. Ya has reflexionado sobre los altibajos energéticos de esa etapa y has utilizado tu Espacio Intermedio para ver cómo manejaste tu energía mientras transitabas esa experiencia. Ahora debes concentrarte en cualquier situación recurrente –por ejemplo, la energía de baja vibración que sentiste en aquella ocasión y que te resultó conocida o los patrones de conducta que manifestaste durante esa experiencia– para aprender un poco más acerca de tus lecciones. Antes de seguir adelante, tal vez sea conveniente que revises tus notas de los ejercicios presentados en los dos capítulos anteriores.

1. Activa tu línea

Haz una Activación de la Línea con la intención de recibir claridad sobre tus lecciones, pero sin la expectativa de saberlo todo de inmediato. Mientras permaneces en activación, percibe el amor que sientes por ti y por las lecciones que tu alma ha traído a esta vida para que aprendas. Utiliza tu Espacio Intermedio para liberarte de los prejuicios, la vergüenza o el miedo que tienes de aprender esas lecciones. Tú recibes ayuda, tú eres amado(a).

2. Identifica los patrones

Vuelve a pensar en ese periodo transformador de tu vida que apuntaste en los capítulos siete y ocho, y cuando te sientas preparado(a) responde a las siguientes preguntas en tu diario:

> ¿En esa experiencia había un dilema o un desafío externo o interno recurrente? Describe las circunstancias pertinentes (cuándo, cómo y con quién surgió) y cómo reaccionaste.
>
> ¿A lo largo de esa experiencia, te confrontaste reiteradamente con el mismo miedo, ansiedad o deseo? Si la respuesta es afirmativa, describe de qué se trataba y cómo reaccionaste.

3. Descubre la lección

Lo más probable es que durante tu período transformador hayas recibido una oportunidad para procesar una de tus lecciones. Identificar tus lecciones reside en confiar en ti y en el conocimiento que tienes en ese preciso momento. No hay respuestas erróneas cuando estás aprendiendo sobre tu propia persona. Cada comprensión que alcanzas es un nuevo paso para adquirir más conciencia. Cuando estés preparado(a), responde a las siguientes preguntas en tu diario:

Al observar los patrones energéticos, los sentimientos recurrentes, o los desafíos familiares de tu transformación,
identifica una lección que haya surgido durante esa etapa.
¿Cómo reaccionaste en ese momento ante esta lección?
¿Qué nueva información sobre ti, y sobre el viaje de tu alma,
te ha ofrecido esta lección?

....

TU PROPÓSITO ES LA EXPRESIÓN DE TU ALMA

Tu propósito aprovecha maravillosamente bien todas las
experiencias de tu alma y todo lo que esta ha traído a esta
vida para tu crecimiento y evolución, ofreciéndote una
forma única de brillar tal y como eres, en cada una de tus
decisiones, oportunidades y experiencias. Junto con tus
dones y lecciones, tu propósito te brinda el contexto multidimensional de tu alma para todo lo que te concierne.
Fundamentalmente, tu propósito es una expresión energética, y cuando vives en sintonía con él, sientes esta energía en tu cuerpo. Te iluminará, te permitirá realizarte y te
hará sentir lleno de vida y plenamente tú mismo. No obstante, igual que ocurre con los dones, cuando estás alineado con tu propósito recibes oportunidades para aprender
de la difícil y desafiante energía que se pone en juego en
tus lecciones. La alineación no garantiza una vida con una
vibración exclusivamente alta. Es una invitación a crecer,
y el crecimiento no siempre resulta agradable.

Tu propósito es lo suficientemente general como para que puedas realizarlo de muchas maneras diferentes a lo largo de tu vida, pero también lo suficientemente específico para ti y para el viaje de tu alma de modo que tú y solo tú puedas expresarlo. Acaso te parezca que tu propósito es demasiado impreciso, pero esto se debe únicamente a que no es algo que tú haces, sino una intención alineada que llevas contigo cada día. Puedes sentir la energía de tu propósito de muchas formas distintas. Tu alma no quiere limitarse a expresar tu propósito en una sola área de tu vida. Quiere que su belleza impregne todo lo que haces.

Los miembros de nuestra comunidad han manifestado que expresar su propósito los hace sentir llenos de pasión o hace brillar una chispa de vida adicional en sus corazones. Es posible que experimentes esta energía de forma diferente, pero debes saber que tu propósito hace que te sientas plena y verdaderamente tú mismo. Habrá momentos en los que te resulte fácil expresar tu propósito y otros en los que será una tarea muy ardua y sentirás la tentación de escapar.

Tu propósito sirve a la evolución de tu alma y al beneficio de lo colectivo. Cuando muestras tu propósito, estás lleno de amor por ti y por los demás. Es algo que haces por ti con el fin de materializar los deseos de tu alma y no para demostrarte nada, ni tampoco demostrar nada a los demás. Tu propósito te ayuda a sentir tu verdadero ser. Te ilumina e ilumina a quienes te rodean, porque estás emanando el amor divino que fluye a través de ti.

Muchos de los miembros de nuestra comunidad vinculan el propósito con el trabajo o la profesión. Es comprensible, porque la vida de muchos de nosotros está estructurada en torno a lo laboral. Cuando somos niños nos preguntan qué queremos ser cuando seamos mayores, y cuando somos adultos pasamos la mayor parte de nuestro tiempo en nuestro trabajo, de manera que tendría sentido que nuestro propósito estuviera relacionado con un trabajo o una profesión específicos. Sin embargo, tu propósito es mucho más grande que cualquier trabajo.

Hay muchos miembros de nuestra comunidad cuyo propósito es enseñar, aunque esto no significa que cada uno de ellos sea un maestro de escuela. Piensa en cada momento de tu vida cotidiana en el que tienes la oportunidad de ser maestro de cualquier persona, incluso de ti mismo, y piensa también en las diferentes formas en que puedes enseñar. No tienes que estar en un aula al frente de una clase; puedes ser un maestro para tus compañeros de trabajo, para tus hijos, para tu vecino o para un grupo en las redes sociales. En un mismo día tienes muchas oportunidades para poner en práctica este propósito, y tus diferentes maneras de enseñar pueden cambiar de día en día.

A medida que avances en la vida, tu forma de expresar este propósito cambiará. Te encontrarás en nuevas situaciones y con personas diferentes y querrás expresar tu propósito de un modo distinto. También puede ocurrir que recibas mensajes que te permitirán otorgar otro sentido a tu propósito, y vivir de acuerdo con él. El modo en que yo expresé mi propósito de hacer más accesibles los registros akáshicos ha cambiado con el paso del tiempo. Comencé ofreciendo lecturas a los clientes y hablando de los registros en mi *podcast* y en las redes sociales. Luego me dediqué a enseñar a las personas a leerlos. Al descubrir la Línea decidí compartir de forma gratuita la Activación de la Línea y organicé cursillos para enseñar a la gente a utilizar su Línea con el fin de acceder a la sabiduría de sus registros akáshicos. Y más tarde me propuse escribir este libro.

Encontrar nuestro propósito es el trabajo profundo del alma; te animo a ser paciente y a no precipitarte con conclusiones prematuras. Tus mensajes te guiarán hasta allí, parte por parte, paso a paso. Y cuando establezcas las conexiones entre todo lo que has aprendido sobre tu propia persona, comprenderás mejor el motivo por el cual tu alma ha elegido esta vida. Tus dones respaldarán tu propósito y tus lecciones te ayudarán a expresarlo con más confianza y amor. Es irrelevante si eres joven o mayor, o cuánto tiempo se tarda en encontrarlo; nunca llegarás a comprender tu propósito demasiado tarde en la vida. Cada parte del conocimiento de tu alma llega a ti en un momento que es divinamente oportuno.

Puedes tener una idea de cuál es tu propósito o no tenerla en absoluto. Independientemente de cuál sea tu nivel de conciencia, es conveniente que te concentres en tu energía en vez de intentar identificar tu propósito entre las cosas que estás haciendo actualmente. Lo más importante es la *sensación* que tienes, porque esa sensación es lo que cambia tu frecuencia y lo que las otras personas sienten de ti. Tu propósito puede ser bastante general (como por ejemplo, utilizar tu voz, animar a los demás, ser un líder, etc.) y también puede ser específico (como por ejemplo mi propósito de conseguir que los registros akáshicos fueran más accesibles). Por otra parte, tu propósito puede cambiar a lo largo de las diferentes etapas de tu vida.

El propósito de cada persona tiene infinitas formas de expresión, y además tus dones pueden ayudarte de muchas maneras diferentes. El hilo que los conecta es la energía que sientes cuando lo practicas.

Mantente abierto y receptivo para notar la guía que recibes en relación con tu propósito y para identificar un propósito que es distinto a lo que tú habías pensado. Cuando crees haber descubierto un propósito para una determinada etapa de tu vida, puedes aprender de qué manera tus dones pueden ayudarte a expresarlo. Las lecciones que estás aprendiendo pueden brindarte la dinámica más profunda y el contexto del alma de tu propósito. Y tu Espacio Intermedio te ayudará a percibir la situación desde arriba, para que puedas entender que tu propósito te ofrece una intención específica para cada situación.

Descubrir tu propósito puede darte una falsa sensación de culminación, es decir, creer que ya has aprendido lo más importante que tenías que saber y dar por terminado tu trabajo. Pero tu propósito es únicamente una de las partes hermosas e importantes de tu persona, y tu aprendizaje no tiene fin. Tu propósito enriquecerá el uso de tus dones y la comprensión de tus lecciones. Cuando pones en práctica tu propósito, tus mensajes te guían hacia nuevas oportunidades que te procurarán un mayor crecimiento, con todos los desafíos, los contrastes energéticos y el aprendizaje profundo que acompañan a esas experiencias. Tu propósito es la expresión plena de tu alma, pero tu alma es energía, y la energía está siempre en movimiento. Tu alma crecerá y evolucionará continuamente, y tus mensajes te guiarán en cada etapa de este viaje.

CAPÍTULO 10

MENSAJES MULTIDIMENSIONALES Y CONEXIONES DEL ALMA

Así como los vientos cambian, también cambian las estaciones. Deja que la gente navegue a la deriva. Libera. Permite. No te aferres a nada ni a nadie; todo debe fluir y moverse. Inhala, exhala, deja que todo fluya. Y en ese espacio, crecerás.

—EL PINÁCULO

Cada mensaje que recibes se basa en experiencias que tu alma ha tenido o tiene en otras vidas y que son importantes para tu situación actual. A estos mensajes los denomino multidimensionales. Sientes la energía de los mensajes, emocional o físicamente, porque tu alma te está hablando y hace brillar un recuerdo dentro de ti. No es necesario que sepas cuál es la experiencia de tu alma en la que se basa este mensaje para evocar ese recuerdo ni para aprender cómo se aplica este mensaje a tu vida.

A medida que desarrolles la conciencia de tu alma aprendiendo sobre tus dones, propósitos y lecciones, comenzarás a hacer conexiones entre tus mensajes y tu alma, como por ejemplo de qué manera el camino vital por el que te están guiando te ayuda a aprender más acerca de las lecciones de tu alma, a conocer cuáles son las raíces energéticas de tus miedos en las otras experiencias de tu alma o a saber que tu sanación en esta vida atraviesa el tiempo cronológico para sanar las heridas del alma de tus otras vidas.

Tus mensajes también te guiarán hacia personas con cuya alma tienes una conexión en esta vida. Es posible que ambos estéis compartiendo una parte de la vida debido a un propósito específico, como por ejemplo aprender una lección del alma o compartir el amor divino.

Hay algunos mensajes que transportarán tu energía a experiencias específicas en la existencia multidimensional de tu alma. Acaso sientas que ya has tenido la misma conversación que estás manteniendo en el presente o que ya has estado en la «nueva» ciudad que estás visitando. Estas sensaciones normalmente se conocen como *déjà vu*, y la sensación de haber vivido ya el momento presente, o de tener un recuerdo de él, es una reminiscencia de algo que sucedió en alguna de las otras vidas de tu alma.

Hay mensajes multidimensionales que te hacen sentir que has curvado el tiempo y el espacio, y que estás en dos lugares a la vez: aquí en la Tierra y en un lugar que tu energía está visitando. Esto normalmente se experimenta en relación con las otras vidas de tu alma en la Tierra. Pero también puedes recibir mensajes que te conducen energéticamente hacia lugares que se encuentran fuera de este mundo, para que puedas comunicarte con la energía de tus guías, con la energía de un amigo o un familiar fallecido, con el Ser Superior de otra persona, con el Pináculo o con cualquier otro ser energético que llegue para ayudarte. Esto requiere una conciencia más profunda de tu alma y también una conexión más profunda con tu Línea.

Cuando comencé a enseñar la multidimensionalidad a nuestra comunidad de A Line Within, el Pináculo me ofreció una variedad de imágenes y ejemplos para ilustrar este concepto. Una de las formas de entender el concepto es pensarlo del siguiente modo: tu energía es como el planeta Saturno y los anillos que rodean tu energía son todas las otras dimensiones en las que existe tu alma. En algunas de esas dimensiones tu alma está viviendo una vida física, y esto puede estar sucediendo en el pasado o en el futuro lineal. Estas vidas pueden ser vividas en la Tierra, en otro planeta o en otros universos. Estas experiencias están orbitando continuamente en torno a tu energía y, por lo tanto, todas están sucediendo al mismo tiempo, independientemente de si desde la perspectiva de esta vida están en tu pasado o en tu futuro. Y dado que estas vidas están orbitando a tu alrededor, tu alma está continuamente recibiendo inspiración e información de ellas y enviándotelas como mensajes a través de tu Línea.

Estás recibiendo estos mensajes multidimensionales por una razón y en un momento divinamente oportuno, aun cuando no parezcan tener sentido de inmediato. Me gusta considerar estos mensajes, y también otro tipo de mensajes, como las piezas de un rompecabezas. Es posible que no encuentres rápidamente una pieza que conecte con las demás, pero sabes que encajará en algún lugar. Mientras tanto, apuntar tus mensajes, experiencias y cualquier otra cosa que parezca ser importante y tener conexión con algún aspecto de tu vida actual (debes escribir algo, hay un significado energético detrás de cada experiencia única que vives) será de gran ayuda cuando en el futuro recibas un mensaje que se conecta con algo que ya has recibido.

Las activaciones de la Línea te ayudarán a comprender estas experiencias y a establecer conexiones. Sin embargo, es importante recordar que estás recibiendo todo lo que necesitas saber en ese momento específico para dar tu próximo paso. Si en ese mismo momento pretendes tener más información, es posible que no logres aprender nada más de tus activaciones de la Línea y, como resultado, tal vez sientas que permaneces en la oscuridad más de lo que te gustaría. Puede llevarte tiempo descifrar el significado de estos mensajes y aprender qué es lo que están comunicándote sobre tu alma. Los mensajes multidimensionales son momentos de conexión sublimes que atraviesan el tiempo y el cosmos, y llegan a ti para ayudarte a conocerte a ti mismo y moverte en alineación con tu Ser Superior. Es probable que quieras saberlo todo de inmediato, pero no es eso lo que necesitas. Lo único que necesitas es confiar y avanzar con todo lo que estás recibiendo.

SANACIÓN MULTIDIMENSIONAL

Nuestra comunidad ha recibido algunos mensajes multidimensionales realmente hermosos y sanadores. Hay padres que han descubierto conexiones con sus hijos en otras vidas de sus almas, y la información que recibieron les dio una nueva perspectiva sobre la dinámica de su relación. Una madre dijo haber sentido una conexión muy intensa e inexplicable con su hija desde el momento de su nacimiento; una relación mucho más profunda que el vínculo que normalmente existe entre padres e hijos. Sentía que la conocía de otra vida. Llegó a saber que ella y su hija habían sido hermanas en una vida anterior y que lo que estaba sintiendo en esta vida era una resonancia energética frente a una experiencia que su alma estaba teniendo en otro lugar.

Otros padres descubrieron las razones energéticas por las cuales los desacuerdos con sus hijos a menudo terminaban en peleas, y también conocieron las lecciones del alma que sus hijos habían venido a enseñarles. Esta información puede favorecer que los padres abandonen las reacciones emocionales o los hábitos impulsados por el ego que les impiden actuar en alineación, para desarrollar una conducta basada en el amor y la comprensión por sí mismos y por sus hijos. Las lecciones que aprenden pueden sanar patrones dañinos y ayudarlos a actuar en alineación también en otras relaciones.

Otro miembro de la comunidad pudo deshacerse de sus persistentes migrañas gracias a sus mensajes multidimensionales. Su abuelo se había quitado la vida trágicamente antes de que ella naciera, y el dolor de cabeza que solía sentir era como una resonancia energética de lo que su abuelo había hecho. Se comunicó con la energía de su abuelo y descubrió que ese dolor físico era una remembranza energética de su propia alma. Y lo que más tarde salió a relucir fue que una de las otras vidas de su alma había sido precisamente la de su propio abuelo. En muchos casos las otras vidas de nuestra alma fueron nuestros ancestros. En su vida actual vivía con el trauma del disparo incrustado en su propio campo energético, para que pudiera comprender la raíz energética de su dolor físico. Tras haber establecido esta conexión consiguió liberar la energía de la herida, y sus migrañas remitieron por completo.

Cuando experimentas estas remembranzas del alma o recibes mensajes multidimensionales, no estás viajando físicamente por el tiempo o el espacio. Sin embargo, tu alma no está sujeta a las mismas restricciones de tu cuerpo físico, y estas experiencias son posibles debido a tu energía. Algunas veces sentirás tus mensajes multidimensionales del mismo modo que sientes cualquier otro mensaje; sin embargo, te están ofreciendo información sobre una experiencia distinta de tu alma o incluso de muchas experiencias que están conectadas con tu vida física actual.

En otras ocasiones tendrás la sensación o el «recuerdo» de que otra vida está llegando a ti a través de tu Línea. Tal vez tengas un sueño en el que visitas otro mundo o sientas que ya has vivido algo que está sucediendo en ese preciso momento (una conversación, un pensamiento, algo que ves o que recibes energéticamente). También puedes sentir esta energía en tu cuerpo físico, como si estuviera diciéndote: «¡Sí, esto es verdad! ¡Presta atención!». Puede ser algo increíblemente sutil, por ejemplo el reconocimiento de una verdad y una conexión que se manifiesta como un susurro. Pero también puede ser una sensación repentina de cálido consuelo, la irrupción de una emoción, escalofríos o carne de gallina, que a veces pueden incluso provocar sudores; y todo eso sucede mientras sientes el amor reconfortante de tu Línea.

EL VIAJE DE TU ALMA EN TUS SUEÑOS

Algo sorprendente sucede cuando te vas a dormir: tu ego humano se hace a un lado y te permite recibir plenamente todo lo que tu alma está experimentando. Tus sueños son una comunicación con tu alma. Están llenos de significado y pueden ofrecerte un contexto extraordinario para tu propósito, tus dones o tus lecciones. Mientras duermes estás más receptivo a la importante información que llega a través de tu Línea, porque tu mente consciente está descansando y tú te encuentras en un estado de liberación y entrega en el que desaparecen las prisas de tu ego por conseguir que dudes de tus mensajes multidimensionales. En consecuencia, eres capaz de abrirte a una gran variedad de experiencias sobrenaturales.

Puedes viajar a las otras existencias de tu alma y visitar otros planetas, galaxias y espacios energéticos. Hay muchos otros mundos energéticos con los cuales puedes interactuar, y todos ellos son semejantes al Mundo Superior que mencioné en el capítulo uno. Las cosas que vemos y oímos en nuestros sueños no son coincidencias ni tampoco un mosaico de pensamientos y deseos subconscientes totalmente aleatorios y carentes de sentido. Muchos de los clientes a quienes hago lecturas de sus registros akáshicos me preguntan sobre los sueños recurrentes que han tenido a lo largo de su vida, y al acceder a sus registros descubrimos que en realidad no eran sueños, sino experiencias que su alma estaba viviendo en otras vidas.

Yo suelo visitar un hermoso planeta rocoso, con montañas rojas y tres lunas en el cielo. El sol es tan grande que llena todo el cielo cuando se oculta. Es de una belleza extraordinaria, y mis recuerdos de este lugar son tan vívidos como si los hubiera experimentado en esta vida física. Cuando me despierto siento que acabo de visitar otro hogar.

Tus sueños también pueden suscitar en ti la sensación de haber asimilado tus revelaciones energéticas sobre las relaciones que has tenido en esta vida, y que ya puedes pasar página. En cierta ocasión, Ben tuvo un sueño en el que se encontraba en un restaurante desconocido; deambulaba entre las mesas llenas de gente sin saber a dónde ir hasta que alguien lo agarró del brazo. Esa persona era una de sus antiguas parejas, a la que no había visto en diez años. Habían estado juntos durante un breve periodo de tiempo que había sido emocionalmente intenso, y desde entonces él había intentado comprender el motivo por el que habían tenido una relación sentimental. Sabía que habían compartido una conexión del alma, pero no tenía conciencia de cuál había sido el propósito.

En el sueño se saludaban mutuamente y él extendía los brazos para abrazarla sin tener la seguridad de que ella fuera a aceptarlo. Sin embargo, ella lo recibió de buen grado, y mientras se abrazaban Ben experimentó una sensación de calidez en el pecho, como si el amor divino que fluía a través de su Línea se hubiera activado. La experiencia fue tan intensa que en aquel momento su conciencia cambió. Fue entonces cuando se dio cuenta de que no estaba en el mundo físico de la Tierra. Su cuerpo permanecía tumbado sobre su cama, pero su energía se encontraba en otro lugar. Esta experiencia le permitió percibir el propósito de su conexión: compartir el amor en un momento de sus respectivas vidas en el que ambos necesitaban recibirlo.

Uno de mis sueños recurrentes más profundos se repitió durante años. En este sueño estoy con mis amigos en el exterior bajo los rayos de un sol brillante. Camino por una calle y de pronto entro en una casa cuyas paredes son de color amarillo pálido. En una de las habitaciones hay una cama debajo de una ventana. Me siento en la cama, corro los visillos y veo un cielo radiante. El reloj que hay junto a la cama marca las tres de la madrugada. He tenido tantas visiones de esta casa que durante muchos años no conseguía discernir si se trataba de un sueño o de un recuerdo de esta vida. Sin embargo, más tarde me percaté de que no podía ser un recuerdo, pues el sol no brilla en el cielo a las tres de la madrugada; el cielo a esas horas está oscuro. En todos esos sueños siempre estaba la misma casa, la misma cama, la misma ventana y el mismo sol.

Una noche, después de tener este sueño durante quince años, encontré un vídeo de algo conocido como «sol de medianoche». En algunas zonas del círculo ártico, como el norte de Canadá, el norte de Escandinavia y otras partes de Europa, y ciertas regiones de Alaska y Groenlandia, el sol no termina de ocultarse durante los meses estivales. Tan pronto como vi aquel vídeo, se me puso la carne de gallina y mis ojos se llenaron de lágrimas. ¡Había encontrado el sol de mi sueño! De pronto, comencé a recibir mensajes a través de mi Línea en los que se me comunicaba que en ese sueño mi energía estaba viajando a las vidas que mi alma había tenido en Lofoten, Noruega, donde el sol no se pone durante los meses de verano y brilla en el cielo toda la noche.

Las comunicaciones que recibes en tus sueños, o en otros mensajes multidimensionales, no siempre tienen sentido por sí mismas. Si quieres comprender su significado completo deberás conectarlas con otros mensajes que llegan a través de tu Línea y con cualquier otra información que hayas recibido sobre el viaje de tu alma.

Piensa en tus mensajes multidimensionales como si fueran estrellas. Individualmente son como puntos brillantes en el cielo, pero cuando los conectas forman una constelación rica en significado y conocimiento, que te ayuda a encontrar tu camino. Tus mensajes multidimensionales son recuerdos separados por dimensiones o por vidas, pero tú puedes establecer conexiones entre ellos para ver la representación general y comprender la razón por la cual los estás experimentando.

CONEXIONES CON EL ALMA

A lo largo de este libro te he animado a utilizar tu Línea para concentrarte en *ti mismo*, aprender más acerca de quién eres y recibir mensajes que *te* guían en *tu* viaje del alma. Quizás hayas cerrado el grifo energético para algunas personas que están en tu vida o hayas establecido límites energéticos a familiares o amigos para poder concentrarte en tu propia persona. Vivir en sintonía con tu Línea te permite retornar a tu alma-ser; no obstante, esto no significa que estés solo en este viaje.

He aprendido del Pináculo que cada relación que has tenido, tienes o tendrás, ha sido planificada por tu alma antes de que hayas llegado a esta vida y ha sido diseñada con un propósito específico. Por nuestros propios medios no somos capaces de aprender tanto como aprendemos cuando nos relacionamos con otras personas. Necesitamos nuestra conexión con los demás porque nos ayuda a crecer. Nos reflejamos mutuamente nuestros dones y talentos. Nos impulsamos mutuamente y arrojamos luz sobre nuestros respectivos egos y lecciones. Nos ayudamos a avanzar a lo largo de nuestros caminos alineados.

Las conexiones del alma que tienes con las personas pueden asumir diferentes formas, y algunas serán más significativas que otras. En algunos casos, dos almas acuerdan un breve encuentro en esta vida para favorecer el mutuo crecimiento y evolución. En otros casos, dos almas están vinculadas energéticamente para toda la eternidad y pueden entrar y salir de sus respectivas vidas a lo largo de muchas existencias diferentes para ayudarse, enseñarse lecciones, amarse y compartir conocimientos. Tus conexiones del alma se manifestarán en tu vida independientemente de que tengas conciencia (o no) de este vínculo tan especial. Pueden ser personas que están en tu vida en este mismo momento, personas de tu pasado o alguien que conocerás en el futuro.

Hay dos tipos de conexiones que merece la pena mencionar aquí, porque son diferentes a cualquier otra relación que tengas en tu vida. Estas dos conexiones son los contratos del alma y la familia del alma. Hay personas que están en tu vida por un motivo específico, y cuando tomas conciencia de lo que tenéis que aprender una de otra, rápidamente agudizas la conciencia de tu alma y accedes a un nuevo nivel de sanación y crecimiento.

CONTRATOS DEL ALMA

Los contratos del alma son acuerdos realizados por dos almas (como mínimo) para encontrarse en momentos específicos de una vida física y con un propósito especial. Este propósito puede ser una lección que las dos almas desean aprender para crecer, una oportunidad para sanar algo de ambas (por ejemplo, un trauma o un miedo compartido en otra vida) o para crear algo que luego compartirán con el mundo. Dicho acuerdo crea una energía especial que hace que estas almas se encuentren en sus vidas físicas y apoya el cumplimiento del contrato. Un contrato del alma puede ser un acuerdo a corto plazo o puede durar toda una vida. Por ejemplo, el contrato que tenemos con nuestros hijos es para toda la vida; sin embargo, un contrato del alma con un amigo, un compañero de trabajo, una pareja o un socio puede tener un plazo limitado. Tienes una conexión del alma con todas las personas presentes en tu vida, pero no tienes un contrato del alma con todas ellas.

Aquellos con los que tienes contratos del alma aparecerán en tu vida más allá de que seas consciente de que compartes esa conexión con ellos. Lo que debe suceder para que el contrato se cumpla sucederá indefectiblemente, aun cuando ninguna de las dos partes conozca la conexión del alma que comparten. La dinámica energética existente entre las dos personas cambiará cuando finalice el contrato. Esto se puede experimentar como tensión, fricción, distancia, o como una sensación de ya no estar en la misma sintonía. Puede manifestarse como si estuvieras viendo un aspecto diferente de una persona o como si tú o la otra persona hubierais cambiado.

En este punto, ambos podéis separar vuestros caminos pacíficamente u optar por reestructurar vuestra relación sobre la base de la nueva dinámica energética que hay entre los dos. Cuando la energía cambia, los patrones entre las dos personas también deberán cambiar. Esto requiere tiempo y paciencia, y normalmente implica que ambas retornen a sí mismas y a su Línea, y que se dediquen a su sanación interior antes de dedicarse a crear nuevas rutinas y patrones energéticos con el fin de conseguir que la relación continúe. Esta puede ser una experiencia emocionalmente agotadora pero, como siempre, tus mensajes te guiarán y la energía de tu Línea te mostrará el amor divino.

En la primavera de 2020, mientras la mayor parte del mundo estaba siendo confinado por primera vez debido a la pandemia, experimenté un maravilloso contrato del alma. Había visto frecuentemente a la persona en cuestión durante muchos años, y nunca había sentido por ella otra cosa que no fuera una energía amigable y cordial. Pero una tarde en la que pasamos juntos un rato, sentí que la energía que había entre nosotros se había modificado. Esta persona es un empresario, igual que yo, pero mientras mi trabajo gozaba de estabilidad, el suyo estaba a punto de cambiar significativamente. Recuerdo haberme sentido muy triste por la situación que estaba viviendo y también haber sentido la necesidad de asegurarme de que tanto él como su negocio estaban bien. Entonces me presentaba en su empresa cada día, con la intención de apoyarlo económicamente y aportarle energía positiva. Durante esas visitas me enteré de que su tienda se estaba adaptando a la situación, y estaba resistiendo de una forma muy creativa.

En aquella época, mi familia y yo estábamos pensando en comprar una casa. Yo era muy consciente de lo privilegiados que éramos al poder disfrutar de una posición tan afortunada, cuando tantas otras personas estaban experimentando pérdidas tan dolorosas y tanta incertidumbre. Aunque ese proyecto me hacía mucha ilusión, no me sentía cómoda al hablar de ello. Cierto día le comenté a esta persona que habíamos encontrado una casa que nos gustaba, y que estábamos considerando hacer una oferta para comprarla. Él se alegró mucho por mí y me animó a comprar la casa, expresando una energía entusiasta que no le conocía. Energéticamente, todo parecía manifestarse muy lejos de la vida física de ese momento que estábamos viviendo. La reacción emocional que experimenté frente a sus palabras de apoyo parecía expresar algo más que una pura amistad, aunque tampoco era típica de una relación romántica. Era mucho más que eso.

Sentí que entre los dos había una conexión muy profunda, y entonces decidí entrar en mis registros akáshicos para investigar. Descubrí que en una de las vidas de mi alma, alrededor de 1940, habíamos estado casados y vivíamos en Odesa, Ucrania. Habíamos tenido una hermosa vida en común hasta que estalló la Segunda Guerra Mundial. Vi cómo nuestras vidas, como muchas otras, se truncaron trágicamente y también vi los conflictos que tuvimos que soportar en el tumultuoso periodo que vino a continuación. También vi de qué forma su vida tocaba a su fin. Más tarde supe que en esta vida nuestras almas habían acordado un contrato breve en una época de incertidumbre e inestabilidad, para recordarnos mutuamente nuestra resiliencia y para alentarnos a seguir avanzando en la vida con fe y fortaleza. Conseguí hacer todas estas conexiones en mis registros akáshicos, pero más tarde sucedió algo especial.

Después de cerrar los registros, recibí un mensaje de mi difunta abuela a través de mi Línea, e inmediatamente rompí a llorar. En los instantes previos a que mi abuela abandonara su cuerpo físico para retornar al mundo energético, exclamó en voz muy alta: «¡Odesa!, ¡Odesa!, ¡Llévame contigo, Odesa!». En aquel momento pensé que estaba invocando a un ángel o a un ser de luz para que la reconfortara, pero más adelante me enteré de esta otra vida de mi alma. A través de mi Línea recibí un maravilloso mensaje multidimensional que había atravesado el tiempo y con el cual ella me estaba dando una clave sobre Odesa que solo cobraría sentido muchos años después de que hubiera pronunciado aquellas palabras. Cuando hice esta conexión, su voz llegó a través de mí: «Ashley, tienes que enseñar al mundo los contratos del alma, la familia del alma y las relaciones del alma». A lo largo de los siguientes días, me percaté de que este amigo y yo habíamos cumplido las finalidades de nuestro contrato y que este ya había concluido. Entonces la energía volvió a ser tal como había sido siempre.

FAMILIA DEL ALMA

Tu familia del alma son las almas que proceden de la misma energía estelar que tú. Tu vínculo energético con tu familia del alma es más profundo que el que puede crear cualquier emoción humana. Os encontráis en esta vida física para compartir vuestro mutuo amor del alma. Este amor está muy alejado del amor humano. Es un amor sereno y compasivo que no juzga. Este amor está entretejido entre las almas, enlazándolas eternamente a través del tiempo y del espacio. Por ser una familia del alma, utilizáis este amor para catalizar cambios y crecimiento en vuestras respectivas vidas, ayudándoos mutuamente a convertiros en una versión más completa de vuestra alma-ser.

Tienes muchos familiares del alma, y en esta vida conocerás a muchos de ellos o tal vez ya los hayas conocido. Pero hay otros muchos a quienes quizás nunca conozcas. Los encuentros que compartes con los miembros de tu familia del alma son sagrados. En esos encuentros sentirás inmediatamente una conexión profunda y singular con cada uno de ellos. Antes he dicho que a veces tus mensajes parecen una reminiscencia de algo que sabías en lo más profundo de tu ser. Tu familia del alma suscita una remembranza similar pero infinitamente más profunda, porque sientes una conexión energética que abarca varias vidas y dimensiones de la existencia.

En tu vida entrarán y saldrán diferentes miembros de tu familia del alma para coincidir contigo en ciertos capítulos de tu vida. En cada uno de esos momentos estarás trabajando únicamente con algunos de ellos. El trabajo que haces con los miembros de tu familia del alma es diferente al que realizas con las personas con las que tienes contratos del alma. Tu familia del alma se presenta ante ti para ayudarte a introducir cambios en tu vida, apoyarte en el profundo aprendizaje del propósito de tu alma y favorecer su comprensión. Cada uno de tus familiares del alma puede reflejar tus dones y ayudarte a compartirlos con el mundo o puede guiar la sanación de tu alma a la que debes abocarte.

Es posible que tengas un contacto físico estrecho con tu familia del alma, pero también puede ser que estéis separados por un océano y nunca la conozcas físicamente. Puedes sentir la conexión energética que tienes con ella a través de las mayores distancias, de la misma forma que puedes sentir cómo fluye dentro de ti el amor divino que llega del Reino Superior. Sobre la familia del alma, el Pináculo ha dicho: «Sois ramas del mismo árbol. Aun cuando no os toquéis, compartís las mismas raíces».

Cuando sueñas a menudo con la misma persona, aunque no hayas tenido ningún contacto con ella durante un largo período de tiempo, o incluso si nunca has tenido contacto con ella, lo más probable es que estés soñando con un miembro de tu familia del alma. He aprendido del Pináculo que las almas que nos visitan reiteradamente en nuestros sueños son almas que proceden de la misma energía estelar de la que provenimos nosotros.

Muchas personas de nuestra comunidad han contado que sueñan con un amor pasado, y en esos sueños pueden ver experiencias que no sucedieron en esta vida. Es como si estuvieran viendo otra vida en alguna otra dimensión. Cuando se despiertan siguen pensando en esa persona con el anhelo de tener una conexión renovada con ella o sintiendo un amor profundo, a pesar de tener un matrimonio o una relación sentimental satisfactoria y estable. Se preguntan si esto significa que deberían volver a estar juntas o si se trata de una señal de que no están realmente felices o satisfechas en su relación actual.

En muchos casos, han descubierto a través de su Línea que la energía que sienten es una profunda conexión energética con un miembro de su familia del alma. El amor que sienten es el amor divino que comparten con su familia del alma, pero debido a su historia personal lo confunden con un amor romántico. Este tipo de revelaciones ofrecen una enorme claridad sobre los sentimientos potencialmente desconcertantes y ayudan a liberar cualquier vergüenza o culpa que se pueda sentir por pensar en un ex cuando se tiene una relación estable.

La energía que subyace a un contrato del alma y a las experiencias de la familia del alma es el amor. Amor por ti mismo y por los demás. Amor para ayudarte a entender y sanarte. El amor es la expresión más profunda que podemos sentir y abarca las diversas dimensiones en las que nuestra alma existe. Cualquier amor que exista entre tú y otra persona en esta vida sigue viviendo en tu alma, aunque la relación o la interacción terminen en una pérdida, un ataque cardíaco, dolor o miedo.

En el espacio energético, las almas únicamente conocen el amor. Este amor es la energía que corre a través de tu Línea; la misma energía que infunde todos los mensajes que recibes. Este amor une a las almas eternamente, y cuando te conectas otra vez con ellas a través de tus mensajes multidimensionales, ese amor que recibes es un apoyo para liberarte de tus miedos, superar tus dudas, aprender de tus lecciones, descubrir cómo utilizar tus dones o cualquier otra ayuda que necesites para retornar a ti.

....

EJERCICIO: TUS MENSAJES MULTIDIMENSIONALES

En este ejercicio abrirás tu ser para ver los mensajes multidimensionales o las conexiones del alma que ya has experimentado. Apuntar estas experiencias en tu diario te ayudará a valorar su importancia y mantenerlas siempre conscientes.

1. Activa tu Línea

Comienza activando tu Línea, y mientras permaneces en activación, piensa en ti como un ser energético capaz de trascender las limitaciones físicas de este mundo, desplázate a través del tiempo y del espacio, y conéctate con otras experiencias que tu alma está viviendo.

2. Diario

Cuando estés preparado(a), utiliza las siguientes preguntas para descubrir los mensajes multidimensionales que ya has recibido o las experiencias o sentimientos que has tenido y que piensas que tienen sus raíces energéticas en alguna de las otras experiencias de tu alma. Escribe fluidamente todo lo que acuda a tu mente, descartando los análisis y los juicios, la vergüenza y las dudas.

Este ejercicio es un poco más largo, y no es necesario que lo acabes de una sola vez. Describe las experiencias de las que eres consciente en este preciso momento. Si no se te ocurre nada para una determinada sección, pasa a la siguiente. Puedes volver al ejercicio cuando lo desees.

SUEÑOS

Recuerda cualquier sueño (recurrente o independiente) que hayas tenido y que consideras que tiene un significado más profundo. Pueden ser sueños sobre lugares, personas, periodos de tiempo, experiencias de otra vida o vividas en otra dimensión. Si los recuerdas ahora, considéralo como un indicio de que contienen un significado más profundo para ti.

Describe estos sueños en tu diario, escribiendo tanto como puedas pero únicamente sobre lo que recuerdes, y responde a la siguiente pregunta después de apuntar cada uno de ellos:

¿Qué estaba ocurriendo en tu vida en el momento en que tuviste este sueño?

ÉPOCAS

Puedes recibir mensajes multidimensionales como una sensación de conexión con una época específica. No es raro que nos confundamos al considerarlos un mero interés por la historia, cuando en verdad se trata de nuestra alma transmitiéndonos información sobre otra vida que está experimentando en ese momento.

¿Con cuál época o épocas te sientes conectado?

¿Cómo te hacen sentir esa época o épocas?

Describe cualquier experiencia en la que hayas tenido sueños, evocaciones o conocimiento interior de conexiones del alma con esa época o épocas.

LUGARES

Puede haber lugares en el mundo que te provoquen la sensación de estar en casa, incluso aunque no vivas allí o nunca los hayas visitado. Esta sensación podría ser una señal que tu alma te ofrece para que reconozcas una vida que ella está teniendo allí.

¿Por qué lugares te has sentido atraído(a) a pesar de no haberlos visitado nunca en esta vida?

¿Sabes cuál es el motivo de que te atraigan esos lugares?

¿Has tenido alguna experiencia que te hizo tomar conciencia por primera vez de esta conexión? Describe esta experiencia y el momento en el que tuvo lugar.

PERSONAS

Puedes tener conexiones del alma con personas a quienes has conocido en esta vida, sea porque tienes con ellas un contrato del alma o porque son miembros de tu familia del alma. Pueden llegar a tu vida para entregarte un mensaje, ayudarte a aprender una lección u ofrecerte apoyo y amor divino.

¿Hay personas en tu vida, pasada o presente, con las que crees tener una conexión del alma?
¿Cómo es o fue tu relación con ellas?
¿Cómo sientes que es esta conexión del alma?

Opcional: Dedícate a leer tus notas cuando hayas terminado de apuntarlas y luego haz otra Activación de la Línea. Mientras permaneces en activación, cierra los ojos y pide ver cualquiera de las otras vidas de tu alma que tienen relación con algo de lo que has escrito. Confía en que todo lo que llega a ti, aunque te parezca una nimiedad o sea simplemente una confirmación de que has establecido una conexión con alguna situación que has experimentado en esta vida, es algo que tu alma está experimentando en otra vida. Apunta todo lo que recibes lo más detalladamente posible, tal y como te ha sido transmitido.

....

PUNTOS EN EL CIELO

Tu viaje del alma es como una constelación en el cielo nocturno. Cada momento es una estrella, un punto en el cielo. Si trazas una línea para conectar una experiencia con otra, que pueden estar separadas por años, dimensiones o diferentes vidas, empezarás a tener una representación más amplia, una comprensión deslumbrante. Puede llevar años alcanzar esta comprensión, pero cada nuevo conocimiento llegará justo en el momento en que lo necesites. Puedes establecer una conexión ahora y percatarte de lo que significa para ti en un momento dado; pero años más tarde esa misma conexión puede cobrar un nuevo significado para brindarte su apoyo en alguna situación que estés transitando. Confía en los significados que llegan a ti en cada momento y mantente receptivo para percibir que dichos significados cambian a medida que recibes más mensajes multidimensionales y estableces más conexiones.

Al ir creciendo y transformándote, otorgarás nuevos sentidos e interpretaciones a tus mensajes multidimensionales. Aprenderás más sobre los motivos por los cuales los has recibido y sobre su presencia en esta vida con el fin de ayudarte. Tu energía es cambiante, siempre está en movimiento, y los mensajes multidimensionales que experimentas hoy cambiarán contigo a lo largo de tu vida.

Tu viaje espiritual, tu viaje de retorno a ti, no es lineal. Puede haber momentos en los que disfrutes de una asombrosa claridad, y tal vez al día siguiente te sientas como un alumno que intenta volver a aprender lo que su alma necesita para sentirse alineada en una nueva etapa de su vida. En cada situación recibes todo lo que necesitas para adaptarte y alinearte. Déjate llevar por la divina oportunidad de tus mensajes multidimensionales y no olvides que ya sabes todo lo que necesitas saber en este momento para dar el próximo paso en dirección a ti mismo.

CAPÍTULO 11

UNA NUEVA FRECUENCIA PARA UN NUEVO MUNDO

*Para convertirte en todo eso que deseas, debes ser una partícula
de luz activa en la anatomía total de la experiencia colectiva.
Y para ser una partícula de luz activa, debes ser tú mismo.*

-EL PINÁCULO

Estamos viviendo una nueva época. Una época de milagros. Una época de evolución de nuestras habilidades energéticas. Una época en la que el hecho de retornar a nosotros mismos nos muestra una nueva forma de reunirnos como colectivo. El mundo ha recibido una nueva frecuencia energética que está diseñada para despertarnos a cada uno de nosotros, con el fin de percibir un nuevo nivel de consciencia del alma. Esta frecuencia te llena de amor. Expresa este amor por ti para poder recibir tus mensajes con plena confianza de que te guían hacia la vida que tu alma ha venido a vivir aquí.

Cada vez que actúas en alineación con esta versión de ti mismo, tu energía se propaga. No deja de moverse:

crece, se expande y refleja a las otras personas su propia alma que las está llamando. Por primera vez en la historia humana, la energía está respaldándote para que seas tú mismo, porque cuando vives como un ser alineado estás prestando servicio a los demás. Esta es la nueva frecuencia del Nuevo Mundo. Ha llegado el momento de retornar a ti, dar un paso en dirección a tu gloria y brillar con tu propia luz para que te alumbre a ti y a todos los que te rodean.

Esta nueva frecuencia llegó hasta nosotros a comienzos de 2020, y cada año que ha pasado desde entonces nos ha ofrecido nuevas oportunidades para conocernos a nosotros mismos y a nuestra alma. El Pináculo ha dicho que la conciencia del alma nos ayuda a amarnos más profundamente a nosotros mismos, y que este amor es lo que nos permitirá unirnos como comunidad global de una forma tan armoniosa como nunca antes hemos experimentado.

Esta energía llegó en una época de gran contraste energético en lo colectivo. A lo largo de ese año se produjeron cuatro olas elevadas de esta energía, y a pesar de que las emociones que dichas olas desencadenaron en cada uno de nosotros fueron difíciles de sobrellevar, también fueron maravillosas puertas de entrada hacia quienes somos en nuestra alma. En aquel momento no era necesario que conocieras esta nueva frecuencia ni que hubieras establecido conexiones del alma para sentir estas olas. Personas de todo el mundo experimentaron un despertar y percibieron traumas ocultos y sanaciones emocionales personales y colectivos. Trabajaron juntas, se organizaron, se movilizaron, hablaron sin reservas, se pronunciaron y, en un nivel energético, unieron sus manos de una forma completamente nueva. Todos nos embarcamos en un nuevo viaje de sanación.

Cuando se recibe una frecuencia energética en el mundo físico, siempre hay y habrá contrastes. Y cuando hay contrastes, hay aprendizaje, crecimiento y evolución. El Pináculo ha dicho que en el Nuevo Mundo, «los colores son más brillantes y las penas son más profundas». En contraposición con las emociones que acompañan al amor, la comprensión, la conciencia y la aceptación, surgieron el miedo intenso, la rabia y la división. A lo largo de estas olas, estas energías contradictorias recorrieron el planeta mucho más rápidamente de lo que la energía se había propagado en el pasado.

En esta época también muchos de nosotros estuvimos aislados, separados de nuestros seres queridos, solos en nuestras casas y solos con nosotros mismos, quizás por primera vez en mucho tiempo. El Pináculo ha dicho que durante ese año ya no podías esconderte de ti mismo. «Ahora es el momento de conocerte», me dijeron. Las personas cambiaron sus rutinas diarias, dejaron trabajos, dieron por terminadas relaciones afectivas, exploraron talentos ocultos e intentaron hacer cosas nuevas. De este modo, muchos actuaron en consonancia con sus mensajes incluso sin saber que estaban respondiendo a su propia alma. Todos reconocieron que esta energía (o «época», según decían los que no hablaban de energía) era diferente. Las cosas habían cambiado. Había una oportunidad para transformarnos a nosotros mismos y a nuestro mundo.

Esta nueva frecuencia ha abierto nuestros corazones, ha activado un amor más profundo dentro de nosotros y nos ha facilitado una conexión más estrecha con nosotros mismos, con nuestra comunidad y con la Tierra. Ahora, esta frecuencia te apoyará en todo lo que emprendas en esta etapa de tu viaje del alma.

Estamos viviendo en el Nuevo Mundo, donde nuestra propia sanación ayuda a sanar a otras personas y al planeta. Todo comienza por retornar a ti mismo y a tus mensajes. Esta es la espiritualidad para el Nuevo Mundo. Ser tú mismo es una práctica espiritual.

LA ESPIRITUALIDAD ES AUTOCONCIENCIA

Ha habido muchas épocas en la historia de la humanidad en las que una energía global con vibración baja coincidió con el contraste de alta vibración del despertar espiritual colectivo. En 1945, cuando cayó la primera bomba atómica en Hiroshima, Paramahansa Yogananda estaba escribiendo *Autobiografía de un yogui*, un libro que inspiraría un despertar espiritual en millones de lectores en los años venideros. Más tarde, en la década de los sesenta, durante la guerra de Vietnam y el movimiento contracultural *hippie*, la humanidad experimentó una nueva frecuencia de amor, conciencia y conexión espiritual. En la actualidad estamos atravesando una de esas épocas. La diferencia es que ahora no estamos esperando a un líder para que nos muestre el camino que debemos seguir. Estamos experimentando el despertar a nosotros mismos.

En el pasado, la gente esperaba que un profeta, un cura o un líder político le dijera qué significaba ser una persona espiritual y le enseñara a llevar una vida piadosa. Pero la energía de esta época ya no requiere ese tipo de enfoque. La energía espiritual colectiva se está desintegrando y dispersando para ayudarte a ser tu propio guía espiritual, de modo que todos juntos podamos crear un mundo donde seamos capaces de aprender unos de otros, pero siendo nuestros propios guías.

Actualmente hay miles de líderes espirituales compartiendo sus enseñanzas a través de libros, *podcasts*, cursos *online* y también en las redes sociales; sin embargo, todavía no hay ninguna persona que esté cambiando el paradigma por sí misma. Es el resultado de un esfuerzo colectivo; cada individuo utiliza sus dones, actúa teniendo en cuenta sus mensajes, narra sus historias e inspira a los demás para que hagan lo mismo. Puedes beneficiarte de la energía de los maestros de tu vida, independientemente de que tengas una relación personal con ellos o los sigas a través de Internet, pero nadie puede indicarte el trabajo específico del alma con el que te has comprometido en esta vida. Únicamente tú puedes encargarte de este trabajo.

Pero esto no significa que estés solo. Siempre cuentas con tu Línea, que te conecta con la sabiduría de tu alma, y además tienes tu equipo cósmico, tus guías energéticos, Dios o la Fuente, el Universo y una abundante ayuda energética a tu alrededor. Esta nueva frecuencia te libera y te empodera para que seas tu propio guía y descubras quién eres, por qué estás aquí y qué es lo que puedes ofrecer al mundo. La autoconciencia es la nueva espiritualidad.

El Nuevo Mundo en el que estamos viviendo ha sido relacionado con muchos momentos de transición. Quiero hablar brevemente de dos de ellos: la Era de Acuario y el segundo advenimiento de Cristo.

Se dice que la Era de Acuario trae una transformación masiva en tecnología, avances en la evolución de nuestras especies y una potente unión de la humanidad. El 21 de diciembre de 2020, el día del solsticio, cuando la energía de la cuarta ola energética de la frecuencia del Nuevo Mundo estaba en su punto máximo, Saturno y Júpiter se alinearon en el signo astrológico de Acuario, que está vinculado con el pensamiento revolucionario, la innovación y el progreso social.

Esta alineación, o «conjunción», fue denominada la Gran Conjunción porque en su punto más próximo, los dos planetas solo estaban separados por una décima de grado. Saturno y Júpiter se alinean cada veinte años; sin embargo, desde 1623 (hace casi cuatrocientos años) no habían estado tan cerca. Cuando estos dos planetas están en conjunción, se encuentran tan próximos que desde la Tierra se ven como una estrella gigante. Esta conjunción a veces se denomina la «Estrella de Navidad» porque algunos creen que la estrella de Belén, que guio a los tres sabios hasta el pesebre de Jesús, no era realmente una estrella sino esta misma gran conjunción.

Como todas las activaciones de la Tierra y universales, el momento de esta conjunción no fue una coincidencia. Creo que marcó un cambio fundamental en la energía de la época, un contraste de alta vibración frente a la energía de baja vibración que imperaba en el mundo en aquel periodo de tiempo.

Las personas a menudo han asociado la Era de Acuario, o este milenio, con el retorno de Cristo a la Tierra. Resulta interesante mencionar que justamente cuando esta nueva frecuencia comenzó a iluminar nuestro planeta, yo empecé a canalizar la energía de Jesús en mis registros akáshicos personales, así como también en muchos de los registros de mis clientes. Sentí que esta energía era muy diferente al Jesús del cual había oído hablar en la iglesia cuando era una niña. Este Jesús era un guía espiritual, y no una figura religiosa; un ser energético de amor incondicional y, para mí, una bocanada de aire fresco. En mis registros, me explicó que es una energía pleyadiana y que su «retorno» en esta era no es un retorno físico. Es un retorno de su energía de amor divino, la vibración más alta de la frecuencia del Nuevo Mundo. Este es el amor que fluye a través de nuestra Línea. Cuando recibimos este amor para nosotros mismos y lo compartimos con otras personas, fomentamos el crecimiento de esta nueva frecuencia de amor y la sanación de nuestro planeta.

Muchos miembros de nuestra comunidad llegan a este trabajo con importantes traumas religiosos. Las heridas de la religión institucionalizada pueden estar tan arraigadas en muchos de nosotros que leer el nombre de Jesús o hablar de lo divino puede desencadenar recuerdos dolorosos de actos realizados en nombre de Dios. Esta nueva frecuencia nos ayuda a sanar siglos de culpa religiosa, vergüenza, abusos y miedo. Nos ayuda a separar el dogma de la religión de la energía a partir de la cual comenzó todo.

Dios es el nombre que hemos dado a una energía que todos sentimos. La energía universal, la energía de la Fuente, la energía de la que procedemos. Y en realidad, tú eres simple y magníficamente una expresión de esta energía divina. Dios vive en ti, por eso en el momento en el que te encuentras contigo mismo, encuentras a Dios. Dado que estás cambiando constantemente por toda la eternidad, debes continuar conociéndote y comprendiendo el amor que fluye a través de ti. Ese amor siempre te guiará hacia ti mismo, hacia tu esencia divina, independientemente de cuánto cambies. El Pináculo ha dicho: «Vuelve a conectarte con tu propia esencia energética y simplemente sé tú mismo. Esto es la espiritualidad».

La Línea no es una religión. Las Pléyades no son la iglesia. El Pináculo no son los curas. Todos los mensajes que recibes provienen de algo que tu alma está experimentando aquí o en otra vida. Este conocimiento llega a ti porque tú eres eso. La Línea es tu compañera constante en un mundo lleno de ideas, opiniones y presiones energéticas que pretenden indicarte quién deberías ser y cómo deberías ser. Los mensajes que recibes agudizarán tu discernimiento para que puedas comprender qué significa para ti la expresión alineada de tu alma.

Has nacido en una familia con una historia y una cultura, te han asignado un nombre y un género, te han enseñado valores específicos y tal vez te hayan educado para que practiques una determinada religión. Todo esto puede encajar contigo o no. Encontrar el camino de retorno a ti mismo significa moverte a través de todo lo que te ha sido dado, de cualquier rasgo de identidad que hayas adoptado, para que puedas aprender cuáles son las cosas que favorecen que vivas en alineación con tu Ser Superior. Tal como ha dicho el Pináculo: «No tienes por qué ser tal y como has comenzado tu vida; tus raíces son únicamente la parte que te mantiene en pie y que te permite expandirte».

EL MUNDO ES UN ESPEJO

En todo momento tienes el control de la energía que hay en tu interior y de la energía que emanas hacia el mundo. Como ya mencioné en el capítulo seis, somos esponjas que absorben las frecuencias de un mundo energéticamente denso, y a veces no somos conscientes de que la energía que tenemos se ve afectada por todo lo que nos sucede durante el día. Existe una conexión entre cómo te sientes y la energía que dejas entrar en ti; por otro lado, las frecuencias que proyectas hacia el mundo también modelan tu experiencia en esta realidad física.

Tu energía cambiará todo lo que percibes, el significado que le otorgues, las conexiones que establezcas, los juicios que hagas y tu disposición a comprender que todo lo que ves te está diciendo algo acerca de ti. El mundo es un espejo, y lo que percibes refleja algo que está dentro de ti: un desencadenante, una lección, una conexión del alma, un trauma emocional o un mensaje.

Como siempre, tu ego intentará evitar que te sientas dueño de tu energía. Tratará de menospreciar tu poder, insistirá en hacerte sentir culpable de lo que sientes por alguna persona o por cualquier otra cosa, pretenderá reducir la divina gloria que hay en tu interior para que sigas siendo el mismo y no hagas absolutamente nada por cambiar. Cuando todo lo que sucede es culpa de otra persona, el ego puede estar tranquilo. Y eso es lo que desea. Pero tus mensajes quieren movimiento. Quieren que te muevas, bailes y juegues.

El Pináculo nos ha brindado el siguiente mantra para poder vencer al ego: «Consigue que tu energía mental se mantenga neutral fluyendo con el amor». Mantener tu energía neutral significa ser consciente de la energía frente a la cual estás reaccionando, de la energía que estás negando o intentando evitar. Mantener tu energía neutral te ayuda a encontrar tu Espacio Intermedio para poder observar sinceramente y con amor las reacciones emocionales que te suscitan tus percepciones y experiencias en el mundo, y considerarlas esenciales para conocer aspectos de ti que requieren tu atención. Este es tu trabajo interior y la espiritualidad del Nuevo Mundo. Somos seres de polaridad; debemos honrar nuestra sombra y nuestra luz. Crecemos y evolucionamos a partir de nuestros dos lados. Puedes amarte tanto por tu sombra como por tu luz, porque ambas te enseñan cómo puedes brillar cuando tu ser está alineado.

Cualquiera que sea la energía que prefieras alimentar, crecerá dentro de ti y en el campo energético de nuestro planeta. El mundo seguirá cambiando, tú seguirás aprendiendo y tu energía continuará moviéndose. Seguirás recibiendo mensajes, y tendrás la opción de hacerles caso o ignorarlos. Tomarás las decisiones que te llevarán a un estado de alineación o no alineación. Podrás alimentar una energía de baja vibración y una energía de alta vibración. Sin embargo, cuanto más te dispongas a ver el mundo a través de una lente energética, más aprenderás los motivos de tus respuestas emocionales frente a la energía que todos sentimos. Aprenderás a mirarte con amor y neutralidad energética. Percibirás que eres un pixel en el mural de toda la humanidad. Cuando te alinees con la frecuencia del Nuevo Mundo, tu pixel se encenderá y brillarás en toda tu divina gloria, emanando luz hacia todos los que te rodean.

Cuando miramos el mundo enfocando exclusivamente nuestra naturaleza física, percibimos que entre nosotros hay diferencias. Percibimos que tenemos una apariencia diferente, que hablamos de diferente manera, que creemos en cosas diferentes y que tenemos vidas diferentes. La diferencia es un punto fuerte de nuestra especie, aunque lamentablemente la humanidad suele considerarla como una amenaza. Debemos unirnos amándonos mutuamente con todas nuestras diferencias.

La frecuencia del Nuevo Mundo nos está ofreciendo su apoyo para nuestro trabajo del alma, con el fin de que seamos capaces de ver las conexiones energéticas que unen a todos los seres físicos en este planeta. Los mensajes de cada una de las personas que han vivido alguna vez en este planeta han sido activados por la energía de la Tierra y entretejidos debajo de nuestros pies como un mosaico de recuerdos. Todos los días caminamos sobre este entramado, recibiendo recordatorios energéticos a través de nuestra Línea que nos indican que caminemos reverenciando nuestro hogar y sintiendo el amor que sentimos los unos por los otros. Cuando utilizamos este amor para tener una conexión más cercana con nosotros mismos y con los demás, se inicia la transformación colectiva para el Nuevo Mundo.

AVANZA CON LIGEREZA, VIVE CON LIGEREZA

Uno de los grandes contrastes energéticos del Nuevo Mundo es la salud de nuestro planeta: un clima en constante cambio, el calentamiento de los océanos, la pérdida de la biodiversidad y un aumento de la frecuencia e intensidad de los desastres naturales que amenazan la supervivencia de muchas comunidades en todo el mundo. Estamos presenciando lo que significa vivir sin alineación con el planeta y con un completo desprecio por la energía sagrada de la Madre Tierra.

Observando este panorama desde la extensa perspectiva histórica del planeta, este sería uno más de los ciclos de la Tierra, pero este es un ciclo con el que hemos contribuido directamente. La Madre Naturaleza se sanará a sí misma, franqueará este ciclo y se regenerará como siempre lo ha hecho. Como especie, debemos sanarnos junto con ella para poder sobrevivir.

El mundo es un espejo, y la Tierra nos está mostrando que, como colectivo, estamos energéticamente enfermos y tenemos una urgente necesidad de sanarnos. Estamos profundamente desconectados de nosotros mismos. Hemos estado ignorando nuestros mensajes demasiado tiempo, anestesiándonos para no sentir nuestras emociones, dejando que nuestros egos nos obliguen a conservar los mismos patrones dañinos en nuestra vida. La frecuencia del Nuevo Mundo está respaldando nuestra sanación individual para que seamos capaces de aprender cómo unirnos de una forma novedosa y poder vivir alineados con la Tierra. A medida que te sanas energéticamente, también estás reparando tu relación energética con el planeta. Este es el primer paso necesario para todos, si queremos experimentar un cambio duradero en nuestras relaciones físicas personales y colectivas con la Tierra.

Suelo recibir regularmente mensajes de personas que quieren saber qué puede decirles el Pináculo sobre lo que sucederá en el futuro. ¿Estaremos bien? Empatizo con cada persona que me envía un mensaje semejante. Todas están buscando algo que les devuelva la esperanza. Muchas de ellas viven con miedo y ansiedad por lo que puede suceder en el mundo; sienten que sus acciones individuales no lograrán marcar una diferencia a escala global. Por este motivo, los consejos del Pináculo a menudo producen el efecto de que las personas quieran saber más. El Pináculo afirma que todo comienza por ti. Cada uno de nosotros necesita ser más receptivo a los mensajes, asumir responsabilidades personales en relación con lo que podemos hacer y vivir en esta Tierra con amor y alineación.

Si tú, como muchos otros, luchas por creer que tus acciones personales pueden marcar una diferencia, debes tener en cuenta dos cosas. En primer lugar, la frecuencia del Nuevo Mundo llegó a nuestro planeta en esta época por alguna razón. Actualmente, está ofreciendo su apoyo a las acciones alineadas de personas de todo el mundo con el fin de crear un cambio global masivo, y no solamente relacionado con el clima. Puedes usar tu Línea para recibir información específica del alma sobre la forma de comenzar a sanarte energéticamente y sanar también la relación que tienes con el planeta, incluyendo los cambios prácticos que puedes introducir en tu vida para vivir en alineación con la Tierra.

En segundo lugar, puedes confiar plenamente en el impacto de cada una de tus acciones dirigidas a este fin porque, al igual que la frecuencia del Nuevo Mundo, estás en este plano físico en esta época por alguna razón. Utiliza el milagroso don de las activaciones de la Tierra para visualizarte en este planeta, considerar sus estaciones como un reflejo de tus propios ciclos, sentir su energía en tu cuerpo físico y recordarte a ti mismo que tus mensajes proceden de la Tierra. Sin ella, no seríamos capaces de recibir nuestros mensajes. Conéctate con esta verdad y siéntela en lo más profundo de tu corazón y de tu esencia. Retorna a ti y escucha tus mensajes sobre los cambios diarios congruentes que puedes hacer en tu vida para avanzar venerando el hogar que compartimos, la Madre Tierra.

Esto no significa que cada uno de nosotros esté haciendo algo diferente y que no habrá manera de trabajar juntos con un objetivo común. Debemos unirnos, pero es preciso hacerlo desde un lugar de alineación con la raíz energética de un clima en constante cambio y la realidad física de esta crisis en la Tierra.

Siempre que se produce una inundación masiva o un incendio en un bosque, lo que lamentablemente ya ocurre casi constantemente, muchas personas de la comunidad espiritual se dedican a hacer meditaciones colectivas para cambiar la frecuencia del planeta. Existe la esperanza de que la intensa frecuencia energética producida por miles de personas meditando al mismo tiempo proporcionará un alivio físico a la Tierra y a sus habitantes. Siempre que he preguntado al Pináculo en nombre de nuestra comunidad si las meditaciones y los trabajos energéticos colectivos pueden favorecer la sanación de nuestro planeta, me han respondido: «Sí, hay que meditar para conservar la calma y recibir una perspectiva de la situación, pero para sanar este problema también es necesario que hagáis cambios en vuestra vida cotidiana. Avanzad con ligereza, vivid con ligereza».

La última frase es como un mantra para vivir en alineación en el Nuevo Mundo. Cuando actúas de acuerdo con tus mensajes, estás energéticamente alineado con tu Ser Superior y con la frecuencia de esta época. Esta energía te guiará para que descubras formas prácticas de avanzar con ligereza en este planeta. Vivir con ligereza te libera de tu ego, que siempre está intentando que sigas siendo el mismo. Ese querer mantenerte a salvo es lo que te aparta de la alineación. Cuando vives con ligereza, te sientes ágil y eres capaz de cambiar en respuesta a la fluidez de tu energía. Puedes modificar tus patrones, puedes probar cosas nuevas, puedes pasártelo bien. Vivir suavemente es la forma de sanarte y de sanar el planeta.

ERES UNA SEMILLA, ABLÁNDATE PARA RECIBIR ESTA NUEVA FRECUENCIA

En el Nuevo Mundo hay una división creciente entre las personas que han despertado a esta nueva frecuencia de amor y conexión, y las que únicamente perciben el mundo físico. En esta época recibes ayuda para abrirte a tu grandeza. Te la están revelando, y tú la estás descubriendo. A medida que sigas avanzando en el viaje de tu alma, deberás precisar qué es lo que quieres saber. ¿Qué deseas descubrir? Deja fluir tu curiosidad y utiliza tu Línea como guía.

El Pináculo ha dicho: «Muévete por el mundo como si fuera completamente novedoso, porque lo es, y tú estás descubriéndolo todo de nuevo. Percibes que todo está resplandeciente como el oro. Sabes que otras personas no perciben lo que tú estás viendo, porque ves la belleza, la novedad, las posibilidades. Ves la oportunidad. Ves a través del amor, y esto es algo nuevo. Tal vez no sea nuevo para ti, porque tu alma ya lo conoce, pero entrar en esta época con esta intención te permite crecer. Es una mentalidad que debes practicar, una forma de pensar que debes cultivar, una decisión que debes alimentar y nutrir, y a la que debes prestarle toda tu atención».

En esta nueva frecuencia eres como una semilla que ha sido plantada en la Tierra. Debes centrarte en ti mismo, cuidar de ti mismo y fomentar tu propio crecimiento, porque mientras miras a otra persona nadie está ocupándose de cuidarte a ti.

Una semilla es dura, pero cuando la plantas se ablanda gracias a la humedad de la Tierra. La semilla debe mantenerse blanda para que de ella pueda nacer una planta. Si la dejáramos en la superficie de la tierra, se secaría y se endurecería, y los brotes no podrían germinar. Si deseas transformarte debes ablandarte, igual que una semilla, para poder recibir tus mensajes y esta nueva frecuencia.

Al recibir nuestros mensajes, queremos actuar en consonancia con lo que nos comunican. Planificamos la forma en que pretendemos ponerlos en práctica, pero por alguna razón no nos ablandamos lo suficiente como para hacerlo. Inventamos motivos por los cuales no podemos hacerlo. Nos resistimos, y esa resistencia puede manifestarse como una distracción. Tomas tu móvil para comprobar si tienes mensajes o llamadas, y entonces pasas repentinamente a mirar el tiempo, luego las noticias, después las redes sociales, y cuarenta y cinco minutos más tarde ya ha pasado el momento de actuar de acuerdo con tu mensaje. Entonces piensas: «Es que no tengo tiempo».

Tus mensajes llegan a ti en el momento perfecto, pero en el instante en que dudas de ti comienzas a endurecerte para no escucharlos, ni tampoco la energía que has sentido al recibirlos. La energía que acompañaba a tu acción se ha modificado. Siempre puedes encontrar el camino de retorno a esa frecuencia, pero solo te ablandarás si confías en que en todo momento tienes todo lo que necesitas para actuar en sintonía con tus mensajes.

En tu vida habrá ciclos en los que actúes de acuerdo con tus mensajes y otros en los que no lo harás. Aunque te resistas y te endurezcas, no morirás como una semilla debido a una sequía. Siempre puedes germinar y seguir creciendo, pero necesitas esa suave conexión contigo mismo, que solo puedes conseguir presenciando tus transformaciones y permitiéndote percibir los milagros de la vida. Para transformarte necesitas actuar de acuerdo con tus mensajes, y para hacerlo tienes que amarte y confiar en la guía divina que llega a ti.

Cuando te ablandas para recibir tus mensajes, abres tu corazón a esta frecuencia del Nuevo Mundo y a toda la belleza que te rodea. Así experimentas la sensación de conexión contigo mismo, te consideras parte de la Madre Tierra y te sientes uno con la energía colectiva que hay en ella.

Si te ablandas, puedes absorber nuevas experiencias, nuevas ideas y la nueva energía que traen tus mensajes. Estos ya no rebotan en ti. La absorción es lenta, y por eso tienes tiempo para comprender, procesar, aprender y crecer. Mientras experimentas la incomodidad que inicialmente produce el cambio, puedes absorber dolor. Si a pesar de ello te ablandas y estás receptivo a tus mensajes, a tu Línea y a la frecuencia de este Nuevo Mundo, te transformarás.

Tal vez en estos momentos sientas que eres una semilla en la oscuridad; por eso quiero recordarte que creces en la oscuridad. Mantente en el momento presente y obsérvate. ¿Qué estás recibiendo? ¿Cómo debes responder?

Escúchate a ti mismo. Esta es una nueva manera de vivir.

PLEGARIA DEL NUEVO MUNDO

En abril de 2020, canalicé la plegaria del Nuevo Mundo en mis registros akáshicos. Esta plegaria nos lleva a un nuevo espacio dentro de los registros; un espacio que incluye la frecuencia de la Tierra y la frecuencia del Nuevo Mundo. Nuestros registros akáshicos están almacenados en las Pléyades; yo solía viajar constantemente hacia allí para recibir información y guía hasta que canalicé esta plegaria, que combina ambas energías, la del Cielo y la de la Tierra, además de la frecuencia del Nuevo Mundo, para ofrecer una experiencia más conectada y potente en los registros. Es una plegaria de compasión que fomenta una profunda introspección y autosanación. A medida que nos sanamos por medio de esta frecuencia, también sanamos a la Tierra. Te recomiendo hacer una Activación de la Línea antes de utilizar esta plegaria porque te ayudará a sentirte centrado y conectado a tierra. Recita la *plegaria inicial* para entrar en los Registros y la *plegaria final* para salir de ellos. Ambas plegarias deben ser pronunciadas en voz alta, y los ojos pueden estar abiertos o cerrados.

PLEGARIA INICIAL

Nos reunimos en la luz. Nos reunimos en el amor. Nos reunimos al conocer los mensajes que llegan desde arriba. A través de los registros akáshicos comprendemos nuestra grandeza. A través de los registros akáshicos comprendemos nuestra sabiduría. A través de los registros akáshicos, comprendemos lo que hay allí. Esta plegaria nos llevará hasta allí.

Deseo saber sobre (mí/nombre de mi cliente/nombre del animal/nombre del lugar) a la luz de los registros akáshicos. Ayúdame a ver a (mí mismo o mí misma/ nombre de mi cliente/ nombre del animal/nombre del lugar) a través de la luz de los registros akáshicos. Hazme sentir a (mí mismo o mí misma/ nombre de mi cliente/nombre del animal/nombre del lugar) a través de la luz de los registros akáshicos.

Ahora los registros akáshicos están abiertos.

PLEGARIA FINAL

Expreso mi gratitud a (mí/ nombre de mi cliente/nombre del animal/nombre del lugar) por entrar en los Registros. Expreso mi gratitud al Pináculo por iluminar el camino. Expreso mi gratitud a este espacio por la sensación de bienestar y amor. Expreso mi gratitud al Ser Superior de (mí mismo o mí misma/ nombre de mi cliente/nombre del animal/nombre del lugar) por conducirme hasta aquí. Los registros ahora están cerrados, amén. Los registros ahora están cerrados, amén. Los registros ahora están cerrados, amén.

Para recibir la información completa sobre cómo leer los registros akáshicos con la plegaria del Nuevo Mundo, tanto para ti mismo como para los demás, y para abrir una empresa *online* como lector de registros akáshicos, consulta nuestro curso *How to Read the Akashic Records with the Pinnacle* ['cómo leer los registros akáshicos con el Pináculo'], en inglés, en alnwithin.com.

AGRADECIMIENTOS

Agradezco al Pináculo por canalizar esta sabiduría a través de mí. Me siento honrada de ser un vehículo para compartirla con el mundo.

Ben, cuando comencé a escribir este libro estábamos casados. Ahora ya no lo estamos. A través del proceso de creación de este libro, aprendimos que nuestro contrato del alma como marido y mujer había finalizado, de manera que nuestra relación cambió. Gracias por ser el co-creador de este proyecto (y de muchos otros) y también por tu amistad. Gracias por la firmeza de tu amor y por tu ternura. Gracias por tu resistencia y fortaleza. En algunas ocasiones, escribir este libro fue como escalar la montaña más alta, y sin ti, nunca hubiera llegado a ser lo que es. Gracias por poner tu sabiduría, tus habilidades, tu talento, tu corazón y tu energía al servicio de este proyecto. Uno de los objetivos de esta vida es «ayudar a las personas a que lleguen al lugar hacia donde se dirigen», y la cantidad de espacio y energía que tienes disponible para mí es sorprendente. Siempre te amaré.

A mi dulce hija, Baboo, el amor de mi vida. El momento en que nuestras almas se conectaron, mi vida cambió para siempre. Las palabras no pueden expresar lo agradecida que estoy por ti. Gracias por compartir un nuevo nivel de amor conmigo y por toda la sabiduría con la que me has obsequiado hasta el momento. Tú eres mi mayor maestra, y es un honor para mí guiarte en esta vida.

Feesh y Bose, mi dos gatos y mis guías de la luz. Gracias por sentaros junto a mí, por compartir mensajes conmigo, por sanarme y por amarme incondicionalmente. Para nosotros los humanos, nuestra relación con los animales es sagrada, y os quiero profundamente a los dos.

Talluah, mi gatita, mi pequeña y centelleante estrella pleyadiana. Te mudaste a nuestra casa justo una semana antes de que termináramos este libro, pero ya estoy enamorada de ti y me siento honrada de poder experimentar el trabajo de la vida a tu lado.

Bev Morden y Val Wood, gracias por cuidar a Baboo cuando Ben y yo estábamos trabajando en este proyecto. Gracias por estar al tanto de sus necesidades, por compartir vuestro amor con nuestra hija y por hacerla sentir especial en todo momento. Grant Morden y Ron Wood, gracias por traer frecuentemente a vuestras mujeres para pasar un rato con nosotros. Os quiero mucho a todos.

Gracias al equipo de Sounds Dream y a mi editor, Jaime Schwalb. En nuestro primer encuentro, recordé un momento del año 2013 en el que yo acababa de inaugurar un blog sobre alimentación, y tenía en mis manos un libro de cocina escrito por otra *blogger* que se acababa de publicar. «¡Vaya! Sería maravilloso escribir un libro», pensé entonces. En el mismo instante en que recordé aquello, escuché un mensaje que llegaba a través de mi Línea: «Has pedido esto, aquí lo tienes; disfruta escribiendo tu libro». Gracias por tomar cartas en el asunto y acercaros a mí para que escribiera el libro, y también por vuestro apoyo, ánimo y comprensión a lo largo del camino.

Guru Jagat, gracias por tu espíritu, que continúa arropando al mundo con una sabiduría y un amor expansivos, incluso después de que tu cuerpo físico haya abandonado este plano. En una ocasión recibí un mensaje que me indicó practicar kundalini yoga (y lo hice obsesivamente) durante algunos meses; gracias a ese primer mensaje cierto día en medio de la práctica recibí otro: «Deja todo lo que estás haciendo; esta es la Activación de la Línea: debes enseñársela al mundo». Si no hubiera existido el Instituto RA MA para la Ciencia Yóguica Aplicada y la Tecnología como espacio de aprendizaje, nunca hubiera recibido la Activación de la Línea, un hermoso ejemplo de que nuestros mensajes son pasos importantes para nuestro crecimiento.

Laura Ohta, Leslie Galbraith y Purnima Chaudhari, mis hermanas del alma: las palabras no pueden expresar lo agradecida que estoy por haberos encontrado en esta vida. Gracias por vuestra sabiduría y por el amor y el apoyo que siempre me habéis brindado. Vosotras me inspiráis, me reconfortáis, y siento de corazón que sois mi familia.

También estoy muy agradecida por las maravillosas alineaciones que nuestras almas crean juntas en el cosmos.

Kelsey Ammon, mi estrella brillante, gracias por todo lo que traes a mi vida y a A Line Within, y también por tomarte el tiempo de leer este libro antes de que ninguna otra persona lo hiciese. Gracias por tu amor, por tus comentarios sinceros y por la maravillosa luz que traes a mi vida y a este mundo. Eres mi maestra, mi amiga, y quiero que sepas que estoy muy agradecida por tenerte en mi vida.

Jessica Kraft, gracias por la edición completa de este libro, por tus comentarios sinceros, claros y favorables que me inspiraron a reelaborar íntegramente lo que había escrito y también por desafiarme a crear un libro que resultó ser mucho mejor que el texto original. Aprecio enormemente tu contribución a este proyecto. Jill Rogers, gracias por tu minuciosa revisión del proyecto. Laurel Szmyd y el resto del equipo de producción de Sounds True, gracias por la publicación de este libro.

Tanya Montpetit, llegué a ti con una gran tarea, y la llevaste a cabo fácilmente. Gracias por aceptar una visión que yo había tenido y darle vida diseñando la cubierta más hermosa que hubiera podido desear.* Tu talento y tu habilidad para crear imágenes artísticas etéreas, vibrantes, místicas y conectadas son muy inspiradores para mí, y estoy agradecida por haber trabajado contigo en este

---

* La autora se refiere a la portada de la edición original en inglés.

proyecto y por trabajar juntas en las diversas creaciones que produce A Line Within. ¡Gracias, gracias, gracias!

Vanessa Mayberry, gracias por compartir tu talento, tu amable corazón y tu alegría en todos esos días que pasamos juntas intentando conseguir la foto de autor «perfecta». Después de haber disparado cientos de fotos, y de varias localizaciones diferentes, tomaste la mejor fotografía, que además de mostrar mi parte «física» capturó la esencia de mi alma. ¡Muchas gracias!

Kami Speer, la conexión del alma que tenemos es muy especial para mí. Gracias por canalizar para mí el vestido de la Aurora más bonito con la energía de la Gran Conjunción, mientras Saturno y Júpiter se estaban acercando en el signo de Acuario. Este vestido tiene una frecuencia tan poderosa que, como tú ya sabes, en el momento en que me lo puse trajo a mi consciencia algunas experiencias del alma. Haberme vestido con él para la foto de autor ha sido el motivo de que mi alma brillara. Siento una profunda gratitud.

Jaxson Pohlman, gracias por entrar en mi vida en un momento divinamente oportuno, por enseñarme una nueva forma de entender la compasión que me ha influido profundamente a la hora de escribir este libro, por brindarme el amor de la familia del alma (y ser el primero en hablarme de ella) y también por ser un reflejo para los dones que hay dentro de mí. Te estoy muy agradecida.

Juuso Hämäläinen, solo nos vimos una vez cuando estaba terminando este libro, pero puedo decir que nuestra conexión es muy importante, independientemente de cuánto se prolongue en esta vida. Te agradezco mucho todo lo que hemos compartido y todo lo que he aprendido de ti y a través de ti. Eres una persona muy especial para mí.

Madre Tierra, gracias por sostenerme, sanarme e inspirarme indefinidamente. Siempre avanzaré con pasos ligeros, como reverencia a tu gloria. Me siento muy agradecida no solamente por verte, sino también por sentirte.

Cielo infinito, gracias por quitarme el aliento cada noche desde lo más profundo de mi alma, activando la magia que recibo por estar debajo de ti. Veo mi hogar dentro de ti y estaré eternamente agradecida por experimentarte y recibirte desde esta perspectiva del plano terrenal.

Gracias a nuestra leal, afectiva y solidaria comunidad A Line Within. Gracias por compartir vuestra energía con nosotros y por crecer a nuestro lado.

Y, por supuesto, gracias, querido chocolate negro, por estar allí siempre que te necesitaba.

NOTAS

1. Anthony F. Aveni, *Skywatchers* (Austin: University of Texas Press, 2001), 29-33.
2. Hesíodo, *Works and Days*, line 615, Perseus Digital Library, TuftsUniversity, consultado el 18 de marzo de 2021, www. perseus.tufts.edu/hopper/text?doc=Perseus%3Atext%3 A1999.01.0132%3Acard%3D609.
3. Aveni, *Skywatchers,* 30.
4. Brian Haughton, «The Nebra Sky Disk —Ancient Map of the Stars», *World History Encyclopedia*, 10 de mayo de 2011, ancient.eu/article/235/the-nebra-sky-disk---ancient-map-of-the-stars/.

SOBRE LA AUTORA

Ashley Wood es cofundadora junto con Ben Wood de A Line Within ('Una Línea Interior'), y presentadora del *podcast The Line* ('La Línea'). Vive bajo las luces de la aurora boreal en Manitoba, Canadá, con su hija, tres gatos y muchas criaturas del bosque.